Le Français

한마디로 배우는 프랑스어표현

느낌

불어 한마디

한현 지음

도서출판 만남

PREFACE

프랑스어를 사랑하는 여러분, 작은 프랑스에 오신 것을 환영합니다!!!

<느낌 불어 한마디>, 한마디로 배우는 프랑스어표현은 기본 발음법과 기초적 문법을 습득한 학습자들과 회화, 말하는 연습단계에 놓인 프랑스어를 쉽게 배우고자 하는 학습자들을 위한 학습서입니다.

본 교재는 사교, 인사의 일상생활표현과 사람들의 판단과 의견을 나타내는 시작의 말들, 다양한 감정표현과, 간단한 전화표현, 대화를 매끄럽게 유도하는 간투사, 접속연결어구로 크게 여섯 부분으로 구성했습니다. 200여 다양한 상황에 맞춰 예문을 만들고 적용했으며, 매 학습페이지마다 대화구문(dialogue)형태의 예문을 제시하고, 그에 따른 짧은 문법적 주해(À noter)와 유사표현을 추가했으며, 외국어 학습에 기본이 되는 어휘(vocabulaire)를 수록하였습니다.

느낌 불어 한마디와 함께 하는 시간은 "무엇무엇을 해야 하나"

하나 *자신의 뜻대로 자신감을 갖고 큰소리로 말해보기.

두울 *지나치게 의식적인 문법, 발음을 잠시나마 초월해보자.

세엣 *어휘력에 자신감을 갖자, 쉬운 어휘구사는 대화에 중요한 요소로 작용한다는 것 잊지 말자. 차근차근 하나씩!

네엣 *간투사의 이해를 위해 프랑스어 몸짓 언어에 접근해 보자.

이런 학습을 통한, 작은 한마디의 프랑스어 표현들이 모여 햇빛 가득한 거리, 소설 속 한 장면처럼 아버지와 예쁜 딸이 이야기를 풀어나가는 또 다른 넓은 세계가 존재한다는 것을 조금씩 찾아 나갈 수 있기를 바랍니다.

프랑스어 강의라는 열정으로 가득찬 커다란 정원을 만들어 주는 나의 사랑하는 학생분들과 항상 관심을 가지고 격려를 보내준 프랑스인 친구 휘디아, 엘리사, 그리고 가족들에게도 감사를 드리며, 무엇보다 이 값진 결실을 맺게 해주신 만남출판사 차상면사장님과 편집진에게도 깊은 감사를 드립니다.

2007년 가을에
한 현 드림

차 례

2.9. Chez des amis(친구들 집에서)

2.10. Ça me fait plaisir de vous voir.(당신을 보게 되어 제겐 큰 기쁨이예요.)

2.11. C'est un petit cadeau...(하나의 작은 선물이예요.)

2.12. Donnez-moi...(나에게 ~주세요..)

2.13. Asseyez-vous! (앉으세요!)

2.14. Que prenez-vous comme apéritif? (당신은 아페리티프로 뭘 드세요?)

2.15. Qu'est-ce que je vous offre?(내가 당신에게 뭘 드릴까요?)

2.16. On peut passer à table(우리 식사합시다.)

2.17. À votre santé! (당신의 건강을 위해서!)

2.18. Encore un peu de...?(약간 조금 더...?)

2.19. J'ai bien mangé.(제가 잘 많이 먹었어요.)

2.20. Je vais rentrer maintenant(지금 곧 귀가할꺼예요.)

2.21. J'ai passé une très bonne soirée.(내가 아주 좋은 저녁 시간을 보냈어요.)

2.22. Je te raccompagne?(내가 널 다시 따라가 줄까?)

2.23. Pardon!(실례합니다!)

2.24. Excusez-moi! (실례합니다!)

2.25. Dis-donc(그건 그렇고 / 있잖아!)

2.26. Alors(그래서)

2.27. Je ne vous dérange pas? (제가 당신을 방해하고 있는건 아닌가요?)

2.28. Je peux te parler?(내가 너에게 말을 건네도 될까?)

2.51. Eh bien, je dois partir maintenant(글쎄 그러면, 내가 이제 가봐야만 해)

2.52. Excusez-moi, il faut que je m'en aille.(실례지만, 제가 먼저 가야해요)

2.53. Je ne comprends pas(난 이해가 잘 안가.)

2.54. Qu'est-ce que vous dites?(당신이 뭐라고 말하신 거죠?)

2.55. Pouvez-vous répéter?(당신이 반복해 주실수 있으세요?)

2.56. Pourriez-vous parler plus lentement?(당신이 좀 더 천천히 말씀해 주실수 있으시겠어요?)

2.57. Qu'est-ce que c'est...?(이것은 무엇인가요?)

2.58. Qu'est-ce que ça veut dire...?(...은 무엇을 의미하나요?)

2.59. Vous avez compris?(당신이 이해하셨어요?)

2.60. Tu comprends ce que je veux dire?(너 내가 뭘 의미하는지 이해되니?)

2.61. Je ne trouve pas le bon mot.(난 적당한 말을 못찾고 있어)

2.62. Comment je peux vous expliquer...?(내가 당신에게 어떻게 설명하면 될까?)

3.1. Je peux vous poser une question?(내가 질문하나 해도 될까요?)

3.25. Absolument! (절대적으로 그래!)

3.26. Je suis d'accord.(동의해요)

3.27. Sans doute(아마도...)

3.28. C'est possible.(가능해.)

3.29. Ce n'est pas vrai.(사실이 아니야.)

3.30. Pas du tout.(전혀 아니야.)

3.31. Je ne suis pas d'accord.(동의하지 않아)

3.32. Je m'intéresse à...(난...분야에 흥미가 있어.)

3.33. Je suis intéressé(e) par...(난 ~에 의해서 관심을 갖게 되네요)

3.34. Je suis curieux(se) de...(난 ~에 대하여 호기심이 있어.)

3.35. Je voudrais...(~하고 싶습니다.)

3.36. J'aimerais...(~하고 싶습니다.)

3.37. J'ai envie de...(난 ~하고 싶어.)

3.38. Je pense...(난 ~라고 생각해요.)

3.39. J'ai décidé de...(~하는 것을 결정했어요.)

3.40. J'ai renoncé à....(~하는것을 단념했어)

3.41. Est-ce que je peux...?(내가 ~할수 있을까요?)

3.42. Vous permettez que...? (당신이 ~허락하시겠어요?, ~괜찮으시겠어요?; 상대에게 양해를 구할때)

3.43. Pourriez-vous ...? (당신이 괜찮으시다면 ~해 주실수 있으시겠어요?)

3.44. J'ai un petit problème(내가 작은 문제거리를 하나 갖고 있어요.)

4.15. **Je suis content(e)**(난 기뻐.)
4.16. **Je suis heureux(se)**(난 ~해서 행복해요.)
4.17. **Ça me fait plaisir.**(이것이 날 기쁘게 해.)
4.18. **Je suis ravi(e)**(전 너무나 기뻐요.)
4.19. **C'est formidable!**(굉장한 일이군요!)
4.20. **C'est parfait!**(완벽해!)
4.21. **Je suis triste.**(전 슬퍼요.)
4.22. **Mon dieu!**(맙소사!)
4.23. **Mon pauvre!**(가엾어라!)
4.24. **Pas de chance!**(운이 없군!)
4.25. **J'ai peur de...**(...할까봐 두려워요.)
4.26. **Je crains que...**(...할까봐 전 두려워요.)
4.27. **Qu'est-ce que je vais faire?**(내가 뭘 해야 할까?)
4.28. **Comment je vais faire?**(내가 어떻게 해야 할까?)
4.29. **Malheureusement...**(불행하게도 ; 안타깝게도...)
4.30. **Je regrette.**(...해서 유감이야.)
4.31. **C'est dommage que...**(...하는 것은 유감이야.)
4.32. **Je suis déçu(e)**(난 실망했어)
4.33. **Tu aurais mieux fait de...**(...하는것이 더 나을텐데)
4.34. **J'aurais dû...**(내가 ~해야만 했는데...)
4.35. **Tiens!** (저런!)
4.36. **Comment!**(뭐라구요!)
4.37. **Ça m'étonne.**(뜻밖이야, 놀랍다!)
4.38. **Je suis surpris(e)**(난 놀라고 있어.)

1. 사교 (일상 생활어구 : 인사)

Saluer ; Se présenter
(인사, 소개하기)

1.1. Bonjour.(안녕하세요)

A : Bonjour, monsieur(안녕하세요)
B : Bonjour, madame(안녕하세요)

À noter

Bonjour는 낮 인사로 해가 지기 전까지 우리는 이 인사를 한다. Bonsoir는 저녁, 밤에 하는 인사말이다. Monsieur는 남성을 존칭할 때 부르는 호칭이며, Madame은 기혼여성이나 여성을 존칭하여 부르는 호칭이다. Mademoiselle은 미혼여성을 일컫는 호칭이다. Bonjour, Anne.라는 표현은 인사말 끝에 이름호칭을 쓴 것으로 가까운 사이임을 명시해 준다.

Bonjour, monsieur ,madame, mademoiselle의 인사말에 붙이는 호칭은 공식적인 예의를 갖춘 표현이다. salut! 라는 표현은 만났을 때와 헤어질 때 친구사이에서 하는 "안녕"이라는 인사말이다.

1.2. Comment allez-vous?(어떻게 지내세요?)

A : Bonjour, monsieur. **comment allez-vous?**(안녕하세요. 어떻게 지내세요?)

B : Très bien, merci.(아주 잘 지내요. 감사해요)

À noter

comment vas-tu? (넌 어떻게 지내?)

ça va? (잘 지내? 괜찮아?)

comment ça va? (어떻게 지내?)

Très bien은 실제 문장 je vais très bien의 표현을 간단한 구어로 하는 말이다.

*comme ci comme ça : 그럭저럭 지내.

*Je suis un peu fatiguée : 난 조금 피곤해. 로 구사할수 있다.

vocabulaire

*comment allez-vous? < aller (bien) : aller(가다. 생활해나가다)

*très : 아주, 매우[절대 최상급 부사] bien : [부사]잘, 좋게.

*merci : 감사해요.

1.3. Je m'appelle...(제 이름은~)

A : Bonjour. je **m'appelle** Sylvie Martin. (안녕하세요. 제 이름은 씰비 마흐뗑입니다.)

B : Bonjour. Moi, c'est Rudia.(안녕하세요. 난 휘디아 예요.)

À noter

Je m'appelle..(<S'appeler)

appeler는 누구 ~를 부르다. 호출하다는 의미의 타동사지만 se (재귀대명사)가 함께 동반되면 이름이 ~이다.(스스로를 부르다)의 자동사적 의미가 적용된다. moi, c'est...소개사로 사람을 직접 가리키며 소개하는 것이다.

1.4. Je vous présente...(나는 당신에게...를 소개합니다.)

A : Madame Dumont, **je vous présente** Jun , un collègue.(뒤몽 부인, 내가 당신에게 동료인 준을 소개합니다.)
Jun, c'est Madame Dumont, une amie de ma mère(준, 이분이, 제 어머니 여자 친구인 뒤몽 부인입니다.)

B : Bonsoir, madame.(안녕하세요, 부인)

À noter

Je vous présente... 나는 당신에게...를 소개합니다.(vouvoyer 존칭화하기)

Je te présente... 나는 너에게...를 소개합니다.(tutoyer 구어체 친근화하기)

c'est...는 격식없는 소개사 표현이다.

vocabulaire

*je <vous> présente < présenter : 직설법 현재(vous : 간접 목적어)

*vous : 독립적으로 쓰이는 강세형 인칭대명사.

*un collègue : 동료(직장)

*une amie : 여자 친구.

*ma mère : 나의 어머니.

1.5. Enchanté(e)(반갑습니다.)

A : Bonjour, madame. je suis Marie Anton.(안녕하세요, 부인. 제가 마리 앙똥이에요.)

B : **Enchantée**. je m'appelle Annie Bertin.(반갑습니다. 제 이름이 아니 베흐뗑이에요.)

À noter

Enchantée! 우리가 프랑스에서 초면에 만난 사람에게 하는 관용적 표현으로 이 표현에 대한 대답도 enchantée! 라고 한다. 이 표현은 je suis enchantée de faire votre connaissance(당신을 알게 되어 반갑습니다.)에서 기인한다. 말하는 사람이 남성이라면 Enchanté!이고, 여성이라면 Enchantée!로 성을 표시 한다. 같은 표현으로 je suis très heureux(se) de faire votre connaissance이며, 구어에선 Très heureux(se)라고 말해도 좋다.

vocabulaire

*je suis....<être : be동사(소개사로 쓰임), 구어체.

1.6. Au revoir!(안녕히 계세요.)

A : Il est cinq heures. je dois partir.
Au revoir!(지금 시간이 5시군요. 제가 가봐야만 해요. 안녕히들 계세요.)

B : Au revoir!(안녕히 계세요.)

À noter

<헤어질때 하는 인사말>

Au revoir! : 가장 일반화된 프랑스인들의 헤어질 때하는 말.

Bonsoir! : 저녁시간에 만났을 때하는 말.

Bonne nuit! : 9시 이후 잠자리에 들기 직전에 하는 말.

Salut! : 친구끼리 만났을 때와 헤어질 때하는 말.

je dois partir.(제가 가봐야만 하겠어요.) : 함께 있던 자리를 비우고 가야하는 경우.

je dois rentrer.(제가 되돌아가야겠어요.) : (귀가)를 알리는 경우

je m'en vais : S'en aller(떠나다. 가버리다)는 동사에서 왔고, 마찬가지로 가봐야겠다는 이탈성을 표현함.

vocabulaire

*Il est...heure : 지금은...시다.

*cinq : 5.

*je dois <devoir [devoir+inf] : ~해야 한다. ~임에 틀림없다

*partir 출발하다. 떠나다.(동사원형 : 부정법)

1.7. À bientôt!(곧 보자)

A : Au revoir. À bientôt!(안녕히 계세요. 곧 봐요!)
B : À bientôt!(곧 봐요!)

À noter

À bientôt!(곧 봐요) : 헤어질때 빠른 시일내에 볼것을 알릴 때하는 말
À tout à l'heure!(이따가 봐요) : 하루 안에 하는 헤어질 때하는 말
À demain!(내일 봐요) : 헤어질 때하는 인사말.
프랑스인들은 Au revoir!라는 인사말 끝에 위 표현을 덧붙여 말한다.
Bonne journée!(좋은 하루 되세요)
Bonne soirée!(좋은 저녁 되세요)
Bon week-end!(좋은 주말 되세요)
Bon courage!(힘내, 용기를 내세요) : 공부나 일의 추진에 있어서 격려조의 어감으로 하는 인사말)

2. Inviter ; proposer
(초대하기 / 제안하기)

2.1. Vous êtes libre?(당신이 시간이 있으신가요?)

A : Vous êtes libre vendredi soir?(당신은 금요일 저녁 시간이 되세요?)

B : Non, vendredi soir, je vais au cinéma avec des amis.(아니요, 금요일 저녁에 저는 친구들하고 영화관에 가요.)

À noter

Vous êtes(<être) libre? 이 표현은 상대로 하여금 만날 약속을 유도하기 위해 사용하는 제안. 초대의 뉘앙스를 지니고 있다. 만일 이 제안을 받고 긍정적 대답을 한다면, oui, je suis libre.(네, 제게 시간이 있습니다.) je ne sais pas encore.(아직 잘 모르겠어요), 또한 거절적 표현은 Non, je ne suis pas libre(아니요. 제가 시간이 되지 않네요)라고 말할수 있다.

vocabulaire

*vendredi : 금요일.

*soir : 저녁.

*je vais au (à)...<aller : 나는 ~에 가요.

*le cinéma : 영화.

*avec : ~와 함께 [전치사]

*des amis : 친구들.

2.2. Vous venez?(당신이 오실래요?)

A : Vous venez dîner à la maison demain soir? (내일 저녁 당신이 집으로 저녁식사하러 오시겠어요?)

B : Avec plaisir.(기꺼이 가겠습니다.)

À noter

dîner는 1군 규칙동사로 "저녁식사를 하다"는 의미와 남성명사 "저녁식사"라는 의미를 갖는다.

déjeuner는 마찬가지로 1군 규칙동사로 "점심식사를 하다"라는 의미를 갖고, 남성명사 기능도 갖는다. Merci beaucoup는 "대단히 고맙습니다"로 감사함의 표현이며, mais는 "그러나" 라는 의미의 역접연결어이다.

vocabulaire

*vous venez à <venir à : [직설법 현재] ~하러 오다.

venir +inf [부정법 :동사원형을 의미]

*dîner : 저녁식사하다, 저녁식사.

*la maison : 집(단독 주택)

*demain : 내일[시간 부사]

*soir : 저녁.

*Avec plaisir : 기꺼이 [제안에 대한 흔쾌한 승락]

2.3 Je t'invite...(나는 너를 ~에 초대할께)

A : Je t'invite au restaurant(나는 너를 음식점에 초대 할께.)
B : Merci, c'est gentil.(고마워, 친절하기도 해라)

À noter

Je t'invite..는 친근도의 반말성 표현이며, Je vous invite..는 존칭적 표현에 속한다.

vocabulaire

*je <t'>invite au (à),<inviter : "초대하다"라는 1군규칙동사의 활용 상태로 전치사 à와 정관사 le의 축약관사.
*t'(te) : te[직접 목적보어인칭대명사]
*le restaurant : 음식점.
*c'est gentil : 상대방의 배려에 대한 "관용적 감사"의 표현.
gentil는 형용사로 "친절한"이란 의미.

2.4. On va...?(우리 ~할까?) : 제안 구문

A : On va prendre un café?(우리 커피 마실까?)

B : Oui, si tu veux.(그래, 네가 원하면.)

À noter

On va...? on(구어체 주어 : nous)의 주어에 aller +inf(근접미래)의 시제가 덧붙여지면 하나의 제안문장이 된다. on은 3인칭 단수 활용을 하는 것이 일반적이며, 말하기 불어에서 nous 대신에 많이 활용한다. un café는 한잔의 커피. un verre는 한잔의 (알콜음료),컵(사물),재료(유리)를 표현한다. On va prendre un verre? (우리 음료 한잔 하러 갈까?)의 제안 구문을 만들 수 있다.

vocabulaire

*on va <aller : aller(가다)는 움직임의 자동사로 직설법 현재 활용.

*prendre : "먹다", "마시다"의 동사원형[부정법]

*un café : 한잔의 커피.

*si : (조건부의) 접속사로 만일~라면.

*tu veux <vouloir : 2인칭 단수 활용 "원하다"는 의미의 3군 불규칙 동사.

2.5. Si on allait?(우리 ~할까?) : 제안 구문

A : Si on allait manger des crêpes?(우리 크레쁘 먹으러 가면 어떨까?)

B : C'est une idée.(그거 좋은 생각인데!)

À noter

si의 접속사가 on(구어체 주어)을 동반한 상태에서 반과거를 쓰게 되면 관용적 제안 표현이 된다. (si+on+반과거?)

vocabulaire

*si on allait <aller : "가다"라는 3군 불규칙 동사.
*manger : "먹다", 1군규칙동사 [부정법]
*des crêpes : 단수성은 여성명사, 부르따뉴 지방의 특산음식인 크레쁘는 지금은 프랑스 전역에서 가장 손쉽게 맛볼수 있는 거리음식.
*une idée : 사고, 생각.
*bonne[bon] : "좋은" 형용사의 여성형.

2.6. Ça te dirait de...?(...하러 가는게 어때?) : 제안 구문

A : Ça te dirait d'aller visiter une exposition?(전시회를 방문하러 가는게 어떻겠니?)

B : Pourquoi pas?(당연히 좋지!)

À noter

vous(존칭적 어감으로 쓰는 말) Ça te dirait de...? (단순 제안뿐만 아니라 완곡한 초대의 표현까지 보여줄수 있다.)

vocabulaire

*Ça <te> dirait d'(de)<dire : "말하다"라는 3군 동사의 조건법 현재로 완곡한 표현묘사.

*te : (너에게 / 너를) 2인칭 직.목 / 간.목 인칭대명사.

*pourquoi pas? : "왜 아니겠어요?!" / 당연히!.

2.7 Je peux te voir?(내가 널 볼 수 있을까?)

A : Je peux te voir lundi après-midi?(월요일 오후에 내가 널 볼수 있을까?)

B : Euh... lundi, je ne suis pas libre.(어...월요일엔 시간이 안 되는데...)

À noter

Je peux...(<pouvoir) 3군 불규칙 동사 pouvoir는 말하는 이의 가능성과 더불어 상대로 하여금 허락을 구하는 말하기 표현이다. 조동사적 역할 때문에 뒤에 항상 동사원형[부정법]을 동반한다.

vocabulaire

*te : (너를)2인칭 직접목적보어인칭대명사.

*voir : “보다”라는 지각동사로 [부정법]

*lundi : 월요일.

*après-midi : 오후.

*Je ne suis pas libre : 시간이 없음과 자유롭지 못함을 표현.

2.8. On se donne rendez-vous?(우리 서로 만날까?)

A : **On se donne rendez-vous au** café de la Paix?(우리 평화 까페에서 만날까?)

B : Oui, d'accord. À quelle heure?(그래요. 몇시에?)

À noter

rendez-vous(만날 약속) donner rendez-vous à는 ~에서 누군가에게 약속하다.

se donner는 서로에게 약속을 주다라는 상호적 용법의 대명동사로 위치를 나타내는 전치사 devant(~앞에) derrière(~뒤에) à côté de(~바로 옆에)의 전치사 구문을 추가적으로 쓸 수 있다.

vocabulaire

*le café : 커피, 커피숍 전치사 à를 동반하면 au로 축약관사 표기

*D'accord : ok. 동의해!.

*À quelle heure? : 몇시에?.

2.9. Chez des amis(친구들 집에서)

Entrez!(들어오세요!)

A : Bonsoir! **Entrez!**(안녕하세요! 들어오세요!)

B : Bonsoir!(안녕하세요!)

À noter

Bonsoir!는 저녁인사이고, Bonjour!는 낮인사로 해가 떠있는 동안에는 저녁일지라도 이 표현을 자주 듣게 된다.

vocabulaire

*Entrez! <entrer : 출입"들어오세요" [2인칭 복수주어 vous에서의 명령법]

2.10. Ça me fait plaisir de vous voir. (당신을 보게 되어 제겐 큰 기쁨이예요.)

A : Ça me fait plaisir de vous voir.(당신을 보게 되어 제겐 큰 기쁨이예요.)

B : À moi aussi.(저도 또한 그래요.)

À noter

fait plaisir는 "기쁘게 하다"의 의미로 faire는 3군 불규칙동사로 "~하다 / 만들다" 인데, faire가 동사원형 부정법을 동반 했을 때 "~를 시키다"의 사역 동사적 기능을 한다.

vocabulaire

*vous : (당신을)직접 목적보어 인칭대명사 2인칭 복수.

*voir : 보다[부정법]

*À moi aussi : 나도 또한 moi는 강세형 인칭대명사로 전치사 뒤에 동반.

2.11. C'est un petit cadeau...(하나의 작은 선물이예요.)

A : **C'est un petit cadeau** pour vous(이것은 당신을 위한 하나의 작은 선물이예요.)

B : Oh, merci, mais il ne fallait pas!(감사해요, 하지만 그럴 필요까진 없었는데요.)

À noter

un petit cadeau는 평상시 생활 속에서 주고받는 부담 없는 선물을 나타낸다. Qu'est-ce que je peux t'apporter?(너에게 뭘 가져다주면 될까?)의 표현은 상대가 필요로 하는 것을 선사하고 싶을때 하는 표현이다.

vocabulaire

*pour : ~위해서 [전치사]

*vous : 전치사 뒤에서 사용된 강세형인칭대명사.

*mais : 그러나 [역접접속연결어]

*Il ne fallait pas <falloir : 항상 반과거로 구사하는 비인칭 동사구문 ~해야한다, ~이 필요하다의 의미를 지닌 동사로 선물 선사시 예의상 하는 형식상의 표현이다.

2.12. Donnez-moi...(나에게 ~주세요..)

A : Donnez-moi votre manteau.(당신의 외투를 제게 주세요)
B : Voilà. merci.(자, 여기 있어요. 감사해요.)

À noter

donnez (<donner)는 2인칭 복수 활용의 동사로 me (나에게 : 간접목적보어인칭대명사)는 명령법에서 동사 뒤로 가면서 강세형화 된다. Débarrassez-vous(<se débarrasser)의 "외투를 벗으세요"로도 표현할 수 있다.

vocabulaire

*votre manteau : 당신의 외투.
*Voilà : 유도부사로 사람을 소개할 때 소개사로 쓰기도 하고, 상대에게 물건을 건넬때 쓰는 표현.

2.13. Asseyez-vous!(앉으세요!)

A : Asseyez-vous!, je vous en prie.(사양마시고 앉으세요!)
B : Oui, merci.(예, 감사해요.)

À noter

Asseyez-vous (s'asseoir : 앉다.)의 대명동사의 vous(2인칭복수주어) 에서의 명령법이며, Installez-vous(<s'installer)로도 쓸수 있다. 앞 문장이 훨씬 구어체적이다.

vocabulaire

*Je vous en prie(=s'il vous plaît) : 명령법 뒤에 쓰는 공손 어구적 하나의 형식.
*merci : 감사해요. 일반화된 감사의 표현.

2.14. Que prenez-vous comme apéritif? (당신은 아페리티프로 뭘 드세요?)

A : **Que prenez-vous comme apéritif?** Whisky, porto, pastis...(당신은 아페리티프로 뭘 드세요? 위스키, 포르투칼산 와인, 빠스띠스...)

B : Un porto, s'il vous plaît(포르투칼산 와인 한잔 주세요.)

À noter

Que(의문 대명사 : 무엇) Qu'est-ce que(무엇을) Qu'est-ce que vous prenez?(당신은 무엇을 드세요 / 무엇을 마시나요?)
comme는 (~로써)로 비교의 전치사로 쓰인다. un porto는 포르투칼산 와인을 일컫는 표현이다.

vocabulaire

*prenez-vous<prendre : (식문화)드세요.[직설법 현재]
*apéritif : 식전 식욕을 돋우기 위해 마시는 음료.
*whisky : m. 위스키.
*porto : m. 와인이름(포르투칼산 와인)
*pastis : m. 알콜 이름, 빠스띠스.

2.15. Qu'est-ce que je vous offre? (내가 당신에게 뭘 드릴까요?)

A : Qu'est-ce que je vous offre? un whisky?(내가 당신에게 뭘 드릴까요? 위스키를 드릴까요?)

B : Euh... je ne bois pas d'alcool. un jus d'orange, s'il vous plaît.(글쎄요... 전 알콜을 마시지 않아요. 오렌지 쥬스로 하나 주세요.)

À noter

que <qu'est-ce que(무엇, 무엇을) j'offre(<offrir)제공하다, 선사하다를 의미한다.

vocabulaire

*je ne bois pas <boire : 식음. 음료, 물을 마시기.[직설법 현재 : 부정형]

*alcool : m.알콜(모음으로 시작되므로 d'의 전치사와의 축약형)

*un jus d'orange : m.오렌지 쥬스.

2.16. On peut passer à table(우리 식사합시다.)

A : Le dîner est prêt. **on peut passer à table**(저녁식사 준비가 됐어요. 우리 식사해요.)

B : Avec plaisir(기꺼이요.)

À noter

on peut +(부정법) 우리가 ~할수 있다. passer à table는 식사하러 가다.

À table! “식사 합시다”라는 관용적 표현이다. le dîner는 저녁식사, le déjeuner는 점심식사, le petit-déjeuner는 아침식사를 의미한다.

vocabulaire

*prêt : 준비가 된(형용사)

*Avec plaisir : 기꺼이(상대방의 제안에 대한 흔쾌한 승락)

2.17. À votre santé!(당신의 건강을 위해서!)

A : À votre santé !(당신의 건강을 위해서!)
B : À la vôtre!(당신도요!)

À noter

À votre santé!는 축배를 들때 쓰는 관용적 표현이며, 이 표현에 대한 관용어적 대답은 À la vôtre!로 소유형용사(votre)와 명사(santé)의 반복어구를 피하기 위해 소유대명사 여성형으로 대체 할수 있다.
Bon anniversaire!(생일 축하합니다.) Joyeux Noël!(메리 크리스마스 : 즐거운 성탄절 되세요) Tchin tchin(축배들때 가장 격식 없이 할수 있는 표현)

vocabulaire

*la vôtre : 소유대명사 2인칭 복수 여성형.

2.18. Encore un peu de...?(약간 조금 더...?)

A : Encore un peu de rôti?(구운고기 좀 드시겠어요?)

B : Volontiers. votre rôti de boeuf est excellent!(네, 기꺼이요. 당신의 구운 소고기가 훌륭해요!)

À noter

Encore un peu de...?(조금 더...)는 양적인 부사적 기능을 한다. Je vous sers(<servir)...?(제가 당신에게...내어드릴까요?) servir는 내가 주체가 되어 누군가를 위해~제공한다는 뜻이다. vous voulez(<vouloir)...?(당신이 ~원하세요?) excellent은 "훌륭한"(칭찬이나 평가적 형용사로 최상급표현)
très(매우, 아주) excellent은 très의 의미를 포함하고 있기 때문에 함께 쓰지 않는다. très bon(아주 맛좋은) 형용사 bon은 미각적 요소나 상태묘사에 쓰인다. bien도 부사로 평가적 수단에 쓰인다.

vocabulaire

*encore : 한번더, 또 다시.
*rôti : m. 구운, 익힌(구운 고기류를 표현하는 일반적 어휘)
*volontiers : 기꺼이(흔쾌한 승낙의 표현)
*votre rôti de boeuf : 당신이 만든 구운 소고기.

2.19. J'ai bien mangé.(제가 잘 많이 먹었어요.)

A : Reprenez de la tarte!(파이를 더 드세요.)
B : Non, merci. **j'ai bien mangé.**(고맙지만 아닙니다. 잘 먹었어요)

À noter

j'ai bien mangé.(<manger).는 식문화에서 "먹다"의 가장 평이한 표현이며 "배가 부르다"는 의미로 의역 할 수 있다. 부사 bien은 beaucoup로도 해석 가능하다. Non, merci는 완곡한 거절의 뉘앙스를 갖는다.

vocabulaire

*reprenez (de)<reprendre : ~를 다시먹다 / 마시다. prendre는 manger+boire의 의미를 동시에 나타내는 동사.
*(de) la tarte : 약간의 파이 de 는 양적인 의미의 부분관사.

2.20. Je vais rentrer maintenant(지금 곧 귀가할께예요.)

A : Oh, il est déjà minuit!(오, 벌써 자정이야!)
je vais rentrer maintenant.(이제 귀가해야해)

B : Mais... vous pouvez bien rester encore un moment(하지만,.. 당신이 여전히 좀더 있어도 돼요.)

À noter

Il est ...heure(s)는 비인칭 구문으로 "지금이 ~시다"의 의미를 지니며, Il est déjà tard.는 "이미 좀 늦은 시간이다"를 의미하며 Je vais rentrer <aller+inf [근접미래]시제로 "곧 ~할것이다"의 가까운 시간성을 내포한다.

vocabulaire

*Il est minuit : 자정, 밤 12시[비인칭 구문]
*déjà : 이미,벌써 [시간부사]
*maintenant : 지금, 이제.
*mais : 그러나 [역접접속사]
*vous pouvez <pouvoir : ~할수 있다.
*bien : 잘, 좋게 [부사]
*rester : 머무르다, 유지하다 [부정법]
*encore : 여전히, 한번 더.
*un moment : 어떤 순간, 한 때, 찰나.

2.21. J'ai passé une très bonne soirée.
(내가 아주 좋은 저녁 시간을 보냈어요.)

A : Merci beaucoup. **j'ai passé une très bonne soirée.**(대단히 감사해요, 너무 좋은 저녁시간을 보냈어요.)

B : Bonne nuit, rentrez bien.(좋은밤 되구요. 잘 들어가세요.)

À noter

J'ai passé(<passer) une très bonne soirée.(아주 좋은 저녁시간을 보냈어요.)

J'ai passé un bon après-midi(아주 좋은 오후 시간을 보냈어요.)

J'ai passé un moment agréable.(기분 좋은 시간을 보냈어요.)

c'était très sympa(아주 호감이 있었어요 / 마음에 들었어요.)

vocabulaire

*j'ai passé<passer : [직설법 복합과거]

*une soirée : 저녁시간, 만찬(파티)

*Bonne nuit : 잠자리에 들때 하는 인사.

*Rentrez bien<rentrer : [명령법 2인칭 복수주어]

2.22. Je te raccompagne?(내가 널 다시 따라가 줄까?)

A : Je te raccompagne?(내가 널 다시 따라가 줄까?)
B : Non, ça ira. je vais prendre un taxi.(아니, 괜찮을꺼야, 택시 탈꺼거든.)

vocabulaire

*te : 너를[2인칭 직접 목적보어 인칭대명사]
*ça ira<aller : ça va 의 단순미래형, 3인칭 단수 활용.
*je vais prendre<prendre : (교통수단)을 타다.
*un taxi : 택시.

Interpeller, engager une conversation : 질문하기, 대화에 참여(개입)하기

2.23. Pardon!(실례합니다!)

A : **Pardon,** monsieur, je cherche l'hôtel Calvados.(실례지만, 제가 꺌바도스 호텔을 찾고 있습니다.)

B : L'hôtel Calvados? c'est derrière le café que vous voyez là-bas.(꺌바도스 호텔이요? 저쪽에서 보고 계신 커피숍 뒤편에 있는 겁니다.)

À noter

Pardon!(실례합니다. 미안합니다.)의 의미를 지니며, 상대에게 말을 건넬 때나 사과조의 어감을 표현할 때 가장 많이 쓰는 배려적 상용어구이다. S'il vous plaît!(실례합니다, 부탁합니다)의 의미로 바꿔쓸수 있다.

vocabulaire

*je cherche<chercher : 찾다.[직설법 현재활용]

*l'hôtel : m.호텔.

*derrière : ~뒤에[전치사]

*le café : 커피, 커피숍.

*que : [관계대명사]

*vous voyez<voir : 보다.[3군 불규칙 동사:직설법 현재]

*là-bas : 저기에[장소부사]

2.24. Excusez-moi!(실례합니다!)

A : **Excusez-moi,** madame, pourriez-vous me dire où il y a une pharmacie?(실례지만, 약국이 어디에 있는지 제게 말씀해 주시겠어요?)

B : Attendez...oui, un peu plus loin dans cette rue, à droite. (잠깐 기다려 보세요. 이 거리에서 좀 떨어진, 오른편에 있어요.)

À noter

Pardon!(일반적 "사과")하기이며, Excusez-moi(<excuser)는 미안함의 강도가 좀더 상승된 표현이다. 의도성이 가미된다거나 대화 상대자에게 직접적 불편을 주었을 때 쓸 수 있다.

vocabulaire

*pourriez-vous <pouvoir : [존칭적 표현의 조건법 현재] 의문형 도치
*me : 나에게 [간접 목적보어인칭대명사]
*dire : 말하다.[부정법 : 동사원형]
*où : 어디에 [의문부사, 접속사 기능]
*il y a <avoir : ~가 있다.[직설법 현재, 3인칭 단수활용]
*une pharmacie : 약국.
*Attendez <attendre : 기다리다.[2인칭 복수명령법]
*un peu : 약간의, 조금의.
*plus loin : 더 멀리.
*dans cette rue : 이 거리에서.
*à droite : 오른쪽으로[방향지시]

2.25. Dis-donc(그건 그렇고 / 있잖아!)

A : **Dis-donc, Marianne,** tu n'as pas vu Olivier?(있잖아, 마리안느, 너 올리비에 못봤니?)

B : Si, il doit être dans le jardin.(아니, 그가 분명히 정원에 있어)

À noter

dis/dire(말하다) vous dites(2인칭 복수활용이 예외적이며 발음도 다르다.) donc(따라서, 원인, 결과의 접속사)로도 쓰인다.

vocabulaire

*Dis[dites]-donc : 그건 그렇고! [간투사 : 대화상의 환기적 용어로 사용]

*tu n'as pas vu <voir : [직설법 복합과거의 부정형]

*si : 부정의문문에 대한 긍정의 대답은 oui를 쓰지 않고 si를 사용.

*il doit <devoir : ~해야한다 / ~임에 틀림없다.[직설법 현재, 3인칭 단수]준조동사로 항상 뒤에 동사 동반.

*dans : ~안에 [전치사]+장소명사.

~후에 [전치사]+시간명사.

*le jardin : 정원.

2.26. Alors(그래서)

A : **Alors,** Pascal, ces vacances, ça s'est bien passé?(그런데, 빠스깔, 이번 휴가 잘 지냈니?)

B : Ah oui! Je me suis bien reposé.(아 그래! 아주 잘 쉬었어.)

À noter

alors(그래서) 접속연결어구로 대화의 지속, 연속 관계를 보여 준다.

vocabulaire

*ces vacances : f.pl, 이번 휴가, 바캉스는 항상 복수로 표기

*ça s'est bien passé? <se passer : (시간 따위를)보내다.[직설법 복합과거, 3인칭 활용]

*Je me suis(bien) reposé <se reposer : 휴식을 취하다[직설법 복합과거, 1인칭 활용]

2.27. Je ne vous dérange pas?
(제가 당신을 방해하고 있는건 아닌가요?)

A : **Je ne vous dérange pas?** Je voudrais vous demander un conseil.(제가 당신을 방해하고 있는 건 아닌지? 당신에게 조언을 구하고 싶습니다.)

B : Un instant! je termine cette lettre.(잠깐만요, 이 편지를 마저 끝내구요.)

À noter

déranger(방해하다)의 1군 규칙동사를 tu라는 친근도의 표현으로 구사하면 je ne te dérange pas?(내가 널 방해한건 아니야?)로 쓰게 된다.

vocabulaire

*vous : [직접목적보어인칭대명사]

*je voudrais <vouloir : ~하고 싶습니다.[조건법 현재 : 형식적 공손어구표시]

*demander : 요구, 부탁하다, (사람을)찾다.

*un conseil : 권고, 충고.

*un instant : 잠시간, 순간, 찰나.

*je termine <terminer : 끝마치다.[직설법 현재, 1인칭 활용]

*cette lettre : 이 편지.

2.28. Je peux te parler?(내가 너에게 말을 건네도 될까?)

A : Je peux te parler une minute?(잠깐만 너와 말해도 될까?)

B : Oui, bien sûr. Qu'est-ce qu'il y a?(응, 물론이야. 무슨 일인데?)

À noter

vous는 존칭적 표현으로 Je peux vous parler?(당신에게 말을 건네도 될까요?)로 바꿔 표현하기도 한다.

vocabulaire

*je peux <pouvoir : ~할수 있다.[직설법 현재,1인칭활용]

*te : 너에게[2인칭 간접목적보어인칭대명사]

*parler : 말하다.[부정법]

*une minute : 1분, 잠깐.

*Bien sûr : 물론, 당연히.

*Qu'est-ce qu'il y a? : [상황에 관한 의문제시]

2.29. J'ai quelque chose à te dire.
(네게 말해야 할 뭔가가 있는데.)

A : Dis-donc, André, **j'ai quelque chose à te dire.**(그건 그렇고, 앙드레, 할 말이 좀 있어.)
B : Pas maintenant, je suis pressé.(지금은 안돼. 내가 바쁘거든.)

À noter

J'ai quelque chose à te dire <avoir...à+부정법> 전치사 à 이하 할 뭔가를 가지다. avoir는 타동사이므로 목적어를 명사로 취하고 전치사 à 뒤에 동사원형은 형용사적 기능으로 앞 명사를 수식한다. Dis-donc. Pardon, Excusez-moi! (그건 그렇고!) 간투사적 기능으로 쓸수 있다.

vocabulaire

*dis-donc : [대화 분위기 전환시에 사용하는 간투사]
*quelque chose : 뭔가 [부정 대명사로 막연한 사물, 상황을 표현]
*te : 너를, 너에게 [2인칭 직. 간접 목적보어인칭대명사]
*dire : 말하다 [부정법 : 동사원형]
*pas maintenant : 지금 당장은 아니다(후일에 대한 기약)
*pressé : 바쁜(시간상)

2.30. Tu sais que...?(너 알고 있니...?)

A : Tu sais que François va se marier?(프랑스와가 곧 결혼하게 될거라는거 너 알고 있니?)

B : Non, je ne le savais pas.(아니, 난 그거 몰랐는데.)

À noter

tu sais(<savoir) que"알다"라는 뜻의 동사로 지식, 습득, 인지도를 표현할 때 쓴다. que는 접속사로 뒤에 주어+동사가 올수 있다.

vocabulaire

*François va se marier <se marier : 결혼하다.[3인칭 활용]

*je ne <le>savais pas <savoir : 이 문장에서 le는 앞 문장 전체를 받는 중성대명사[부정문의 반과거 문형]

2.31 Figurez-vous que(...라고 좀 생각해 보세요)

A : **Figurez-vous que** ma femme connaît votre mari.(제 아내가 당신의 남편을 안다는거 이해가 가세요?!)

B : Ah oui? Ça alors!(아 그래요? 놀랍네요, 그렇군요!)

À noter

figurez-vous(<se figurer)는 se figurer동사의 vous(2인칭 복수)의 명령형이다. 이 표현은 "~라고 생각해 보세요"라는 주의를 환기시키는 표현이다.

vocabulaire

*ma femme : 나의 아내.

*connaît <connaître : (사람의 교제, 관계)를 통해 "알다"[직설법 현재. 3인칭단수 활용]

*votre mari : 당신의 남편[2인칭 복수 활용]

*Ça alors! : 저런!, 어머나! 등의 예측치 못한 상황에 대한 놀라움의 표현.

2.32. J'ai une bonne nouvelle.
(좋은 소식을 하나 가지고 있어)

A : **J'ai une bonne nouvelle** pour vous ; votre candidature est acceptée.(내가 당신을 위한 좋은 소식을 갖고 있는데, 후보 지원이 받아들여 졌어.)

B : oh, c'est formidable!(오, 굉장한걸요!)

À noter

une bonne nouvelle(하나의 좋은 소식)에서 nouvelle은 형용사로 "새로운"이란 뜻을 갖고 있고, 명사로는 여성형의 "소식"이란 의미를 갖는다. 반대개념으로는 J'ai une mauvaise nouvelle이라 구사한다.

vocabulaire

*j'ai <avoir : ~를 가지다 / 지니다[직설법 현재,1인칭 활용]

*votre candidature : f.후보자.

*est acceptée <accepter : 받아들여지다. 수용되다[직설법 현재,3인칭 활용, 수동태]

*c'est formidable! : 공연이나 구경거리, 광경을 보고 감탄할 때 쓰는 표현으로 "굉장한, 놀라운, 멋진"의 의미로 사용.

Changer de sujet de conversation
(대화 화제 바꾸기)

2.33. Au fait(그건 그렇고 ; 있잖아)

A : **Au fait,** Jacques t'a appelé?(근데, 자끄가 네게 전화했니?)
B : Non, pourquoi? Il voudrait me parler?(아니, 왜? 그가 나와 통화하고 싶어했어?)

À noter
au fait[cfɛt] : 그런데 (à propos).대화의 화제를 바꿀때 환기어로 쓰는 접속연결어구이다.

vocabulaire
*Jacques t'a appelé <appeler : ~에게 전화를 걸다. ~호출하다, 부르다[직접목적어를 취하는 동사로 전화 통용어구]
*t'(te) : 너에게, 너를 [인칭대명사, 직접목적어,2인칭]
*pourquoi? : 왜?(원인을 묻는 의문사)
*Il voudrait <vouloir : ~를 원하다[직설법 3인칭 반과거 활용]
*me : 나에게 [1인칭 간접목적보어 대명사]
*parler : 말하다, ~와 통화하다[부정법=동사원형]

2.34. À propos(그런데)

A : **À propos,** tu es au courant de l'accident de christian?(그런데 말이야, 너 크리스띠앙 사고난거 알고 있니?)

B : Oui, Isabelle m'en a parlé.(응, 이자벨이 나한테 그것에 대해 전화했었어.)

vocabulaire

*tu es au courant (de...) <être au courant : ~에 대해 익히 알고있다, ~에 정통하다.

*l'accident : m. 사고, 사건.

*<m'en> a parlé : 전화했다.[직설법 복합과거,3인칭 활용]

*m'(me) : 나에게 [인칭대명사, 간접 목적 보어 인칭 대명사]

*en : de+사물명사(추상개념)을 대신 받는 [중성대명사]

2.35. J'y pense(내가 그것에 대해 생각하고 있어.)

A : Hier soir, Sylvie m'a téléphoné.(엊저녁에, 씰비가 내게 전화했어.)

B : Ah, **j'y pense,** tu as acheté le cadeau pour son anniversaire? (아, 나도 그거 생각하고 있어, 너 그의 생일선물 샀니?)

À noter

j'y pense(<penser)"생각하다"는 penser라는 1군 동사로 전치사 à를 매개로 문장을 만든다. 그 부분을 중성대명사 "y" 으로 대체한다.

vocabulaire

*hier soir : 엊저녁.
*Sylvie m'a téléphoné : ~에게 전화하다[직설법 복합과거,3인칭 단수활용]
*m'(me) : 나에게[간접 목적보어 인칭대명사,1인칭 활용]
*tu as acheté <acheter : 1군 규칙동사 "사다"[2인칭 활용 ; 복합과거]
*le cadeau : 선물.
*pour : ~위해서[전치사]
*son anniversaire : m. 그의 생일.

Reformuler ; Préciser son idée
(생각을 구체화하기)

2.36. C'est-à-dire(즉, 다시 말해서)

A : Quand est-ce que vous partez aux États-Unis?(언제 당신은 미국으로 떠나세요?)

B : Dans quatre jours, **C'est-à-dire** mardi.(4일후 에요, 다시 말해서 화요일이죠.)

À noter

C'est-à-dire는 접속연결어구로 앞 단어나 문장의 설명이 부족할 때 한번더 설명을 가하고자 할 때 사용하는 부연설명어구이다.

vocabulaire

*quand : 언제

*est-ce que : 의문문을 만들때 형식상 쓰는 의문형태소로 주어+동사의 어순을 취함

*vous partez aux<partir aux : ~출발하다 / 떠나다[직설법 현재, 2인칭 복수활용]

*les États-Unis : 미국, 항상 복수로 처리

*dans : 전치사로 공간, 장소명사는 (~안에), 시간명사와는 (~후에)로 해석

*quatre jours : 4일

*mardi : m. 화요일

2.37. Bref(요컨대)

A : Comment est ce village?(이 마을이 어떤가요?)

B : Ce n'est pas loin de la ville mais c'est très calme. il y a une piscine, de bons restaurants... **Bref,** c'est un endroit idéal pour les vacances.(이곳은 시내로부터 멀진 않지만 아주 조용해요. 풀장도 하나 있고, 좋은 음식점들도 있어요. 요컨대, 바캉스를 보내기엔 이상적인 하나의 장소예요.)

À noter

Bref (요컨대 / 간단히 말해서),대화를 결론지어 정리할 때 사용하는 말이다.

vocabulaire

*Comment : 어떻게(양태의 의문부사)
*Ce village : 이 마을(지방의 시골 마을)
*loin de : ~부터 거리가 먼.
*la ville : 도시, 시내.
*mais : 그러나(역접연결어)
*calme : 조용한, 고요한.
*il y a<avoir : ~가 있다[직설법 현재, 3인칭 활용, 비인칭 구문]

*une piscine : 풀장, 수영장.

*de bons restaurants : m. 좋은 음식점들[de+복수형용사+복수명사]의 어순 앞에서 des대신 관사성의 de를 씀.

*un endroit : 장소, 곳.

*idéal : 이상적인.

*pour : ~위해서.

*les vacances. f.pl : 휴가, 바캉스(항상 여성복수처리)

2.38. Entre nous(우리끼리 얘기지만)

A : Bruno est très sérieux, mais, **entre nous,** il est un peu autoritaire(브뤼노는 아주 진지한 편이지만, 우리끼리 하는 얘기지만 그는 약간은 권위적이야.)

B : Oui, c'est vrai.(그래, 그건 사실이야.)

À noter

entre nous에서 entre는 둘사이에 사용하는 전치사이며, 전치사 뒤에는 강세형인칭대명사를 쓸수 있다. 1인칭 복수 강세형인칭 대명사이다.

vocabulaire

*sérieux : 진지한.
*un peu : 조금, 약간의.
*c'est vrai : 사실이야, 진실이야.
*mais : 그러나.
*autoritaire : 권위적인.
*vrai : 진실의[형용사]

2.39. À vrai dire(사실대로 말하면)

A : Explique-moi cette phrase, s'il te plaît.(이 문장 좀 설명해 줄래, 부탁해.)

B : J'aimerais bien, mais **à vrai dire,** je n'y comprends rien, moi non plus.(그렇게 하고 싶긴한데, 사실 나도 또한 전혀 이해가 안돼.)

À noter

à vrai dire는 "사실인즉"의 독립적으로 접속연결어역할을 한다.

vocabulaire

*explique<expliquer : "설명하다"라는 1군 규칙동사[명령형, 2인칭활용]

*moi : [강세형인칭대명사, 1인칭활용]

*cette phrase : 이 문장.

*J'aimerais bien<aimer : "그렇게 하고 싶다"라는 상대방의 제안에 대한 흔쾌한 승낙의 표현 [조건법 현재,1인칭활용]

*mais : 그러나.

*Je n'y comprends rien<comprendre : 이해하다.
[직설법현재,1인칭활용] : [ne+verbe+rien : 아무것도 ~이 아니다]

*y : à+사물명사대체 [중성대명사]

*non plus : ~또한(부정문에서만 사용), 긍정문에선 aussi를 씀

Marquer d'un mot son attention
(한마디로 주의 끌기)

2.40. C'est vrai!(사실 그러네!)

A : Cet hôtel est trop cher!(이 호텔이 지나치게 비싼데!)
B : C'est vrai.(사실 그러네.)

À noter
C'est vrai=oui 긍정적 판단에 대한 동조적 표현이다.

vocabulaire
*cet hôtel : 이 호텔[지시 형용사 남성 제2형(남성명사가 모음이나 무음의 h일때)+남성명사]
*trop : 지나치게, 매우(부사)
*cher : 고가의, 비싼.

2.41. Exactement(정확히, 확실하게)

A : Vous reprochez à Philippe son incompétance?(당신은 필립의 무능력함을 질책하시는 건가요?)

B : **Exactement,** c'est un incapable.(분명, 무능력한 사람이야.)

vocabulaire

*Vous reprochez (à Philippe...)<reprocher : "비난하다" "질책하다"의 1군규칙동사[직설법 현재. 2인칭 복수주어활용]

*son incompétance : f.그의 무능력[소유형용사 son / sa+여성명사]모음어구로 시작하므로 son을 씀.

*un incapable : 무능력자(관사 없이는 형용사기능)

2.42. Ah bon?(아! 그래요?)

A : Claude est rentré du Canada hier.(어제 끌로드가 캐나다에서 되돌아 왔어.)

B : **Ah bon?** Comment le sais-tu?(아, 그래? 너 그거 어떻게 알아?)

À noter

Ah bon? 의 표현은 의문형으로 억양을 올리면, 몰랐던 사실이나 정보에 대한 놀라움의 확인으로 쓰여진다.

vocabulaire

*Claude est rentré du(de...)<rentrer : 귀가 하다, 되돌아들어가다.
*le Canada : 캐나다.
*hier : 어제.
*comment : 어떻게[양태의 의문부사]
*le : [중성대명사](보통 형용사, 동사원형, 앞 문장 전체를 대체함)
*sais-tu<savoir : (머리속 지식습득)알다.[직설법 현재, 2인칭 활용 도치 의문]

2.43. Ce n'est pas vrai!(사실이 아니야 / 말도 안돼!)

A : Tu sais, Hélène n'a pas réussi à son examen.(네가 알다시피, 엘렌 그녀가 시험에서 떨어졌어.)

B : ce n'est pas vrai!(말도 안돼!)

vocabulaire

*vrai : 진실의, 참된.

*tu sais<savoir : 알다[직설법 현재, 2인칭 활용]

*Hélène n'a pas réussi (à...)<réussir : ~에 성공하다. 시험에 합격하다[2군 규칙동사]

*son examen : m. 그녀의 시험(소유형용사 son은 examen이 남성명사이므로 쓸수 있고, 대상은 엘렌 이라는 여성이므로 해석은 여성화함)

2.44. Et alors?(그래서?)

A : J'ai reçu une lettre d'Antoine.(내가 앙뚜완느의 편지를 받았어.)

B : Et alors, qu'est-ce qu'il te raconte?(그래서, 그가 네게 뭐라 이야기하든?)

À noter

Et alors는 두가지 의미를 지닌다. 하나는 "그래서"라는 이야기의 자연스런 연결 관계를 보여주고, 또 하나는 "그래서 어쨌다는 건데"식의 따지는 어투의 어감을 지닐수도 있다.

vocabulaire

*j'ai reçu<recevoir : 받다.[직설법 복합과거, 1인칭 활용]
*une lettre : 편지.
*qu'est-ce qu'(que)... : 무엇을[의문대명사]
*il <te> raconte<raconter : 이야기하다[직설법 현재, 3인칭 활용]
*te : 너에게 [2인칭 간접목적보어인칭대명사]

Intervenir pour donner son avis
(자신의 의견 개입하기)

2.45. Écoutez...(들어보세요..)

A : Vous ne voulez pas cette chambre? Elle est très calme et... (당신은 이 방을 원하지 않으세요? 그 방이 아주 조용하고...)

B : **Écoutez** madame, je voudrais une chambre avec une salle de bains(글쎄요, 전 욕실이 딸린 방하나를 원합니다.)

À noter

Écoutez! vous에서의 명령법으로 다른 사람의 주의를 모을때 형식적으로 쓰기도 한다. Écoute!는 tu에서의 명령법이다.

vocabulaire

*Vous ne voulez pas<vouloir : 원하다.[직설법 현재, 2인칭 복수 활용,부정형]

*cette chambre : 이 방(지시형용사 여성형+명사)

*calme : 조용한, 고요한.

*je voudrais : 원하다[조건법 현재, 1인칭 활용]

*avec : ~함께, ~와, ~더불어[전치사]

*une salle de bains : 욕실.

2.46 Je peux dire un mot?
(제가 한 마디 해도 될까요?)

A : Voici le programme de demain ; départ de l'hôtel à 6heures puis...(여기에 내일 계획이 있어요, 호텔에서의 출발은 6시예요 그리고 나서...)

B : **Je peux dire un mot?** c'est trop tôt. on est tous très fatigués (제가 말 한마디 해도 될까요? 너무 이른 시간이군요. 우리 모두 다 너무 피곤하거든요.)

À noter

주제어는 대화개입 시에 쓰는 Écoutez!와 같은 관용적 표현이다.

vocabulaire

*voici : 여기에 ~있다.[유도부사]
*le programme : 계획.
*demain : 내일[시간부사]
*départ : m.출발.
*l'hôtel : m.호텔.
*à 6heures : 6시에.
*puis : 그리고 나서[접속연결어]
*trop : 매우, 너무, 지나치게[부정적 의미의 부사]
*tôt : 일찍[시간 부사]
*tous : 모두들[부정대명사로 발음은 tus]
*fatigués : 피곤한, 주어 on은 의미상 복수이므로, 형용사에 s를 씀, 하지만 동사활용은 3인칭단수 활용.

2.47. Laissez-moi parler(내가 얘기 좀 하자)

A : Il faut aller dire au professeur qu'il nous donne trop de devoirs et qu'il...(그가 우리한테 지나치게 많은 과제를 준 걸 선생님께 말씀드리러 가야만 해, 그리고...)

B : **Laisssez-moi parler.** le problème, ce n'est pas la quantité, mais les sujets qu'il nous donne.(내가 얘기 좀 하자. 문제는 분량이 아니라, 그가 우리에게 준 화제 거리들이야)

À noter

Je peux dire un mot? 라는 표현보다 laisser(방임동사)+동사원형은 훨씬 대화를 듣는 상대보다 내가 위주가 된 표현이다.

vocabulaire

*il faut..<falloir : ~해야 한다, ~필요하다[직설법 현재, 3인칭활용(비인칭구문)]

*aller dire au(à)...qu'(que)~<aller dire : ~에게 말하러 가다<부정법

*le professeur [au=à+le] : 선생님, 교수[축약관사]

*il nous donne <donner : ~주다[직설법 현재, 3인칭활용]

*nous : 우리들에게 [인칭대명사, 간접목적어, 1인칭복수]

*trop de : 지나치게, 많이.

*devoirs : m.과제, 숙제.
*le problème : 문제.
*la quantité : 양, 분량.
*les sujets : m. 화제, 주제어.
*qu'(que) : [목적격 관계 대명사]

2.48. Oui, mais...(물론이야, 하지만...)

A : L'histoire de ce film était assez banale.(이 영화이야기가 꽤나 진부했어.)

B : **Oui, mais** les images étaient très belles.(물론이야, 하지만 영상들은 아주 아름다웠어.)

vocabulaire

*l'histoire : f.역사, 이야기, 일화.

*ce film : 이 영화.

*était<être : ~였다.[직설법 반과거, 3인칭단수활용]

*assez : 상당히, 꽤나.

*banale : 평범한, 진부한.

*les images : f.영상.

*étaient<être : [직설법 반과거, 3인칭단수활용]

*belles[beau] : 아름다운.

Garder la parole(발언권을 지니기)

2.49. Laissez-moi terminer! (내게 말을 끝내도록 내버려 둘래!)

A : La monnaie unique, c'est une bonne chose parce que...(단일 통화, 그거 좋은 생각이야, 왜냐면...)

B : Quelle idée d'abandonner le franc!(프랑화폐를 버리는건 얼마나 굉장한 발상인지!)

A : Mais, **laissez-moi terminer!**(내 얘기좀 들어봐, 마저 말해볼게!)

À noter

laisser뒤에 원형동사를 쓰면, 이를 방임동사라 한다. "~하도록 내버려 드다"의 의미가 될수있다.

vocabulaire

*La monnaie unique : 단일통화(euro : 유로화)
*une bonne chose : 좋은 것, 좋은 생각(bonne idée)
*parce que : 왜냐하면~ 때문이다 (원인, 결과를 이끄는 접속사)
*Quelle idée d' : 얼마나 굉장한 생각인가!.
*abandonner : 포기하다, 버리다[부정법]
*le franc : 프랑(유로 전 화폐단위)
*Mais : 그러나(역접 연결어)
*laissez-moi terminer : laisser(~내버려 두다)+부정법[명령법, 2인칭단수활용]
*moi : 나 [1인칭 강세형인칭대명사]

2.50. Je peux finir?(내가 ~끝마쳐도 될까?)

A : Pour faire ce travail, nous aurons dix jours et...(이번일을 하는데 우린 열흘정도 걸릴꺼야.)

B : Tu es fou! Dix jours, ce n'est pas assez, on...(너 미쳤니! 열흘이라고, 충분치 않아,우린...)

A : Je peux finir mon explication?(내가 나의 설명을 끝마쳐도 될까?)

À noter

Je peux finir?와 Laisse-moi terminer표현의 차이는 pouvoir동사는 상대로 하여금 가능성 여부와 허락을 구하는 방법이며, laisser 동사는 ~하게끔 자율성을 강요하는 표현이다.

vocabulaire

*pour : ~위해서[목적의 전치사]

*faire : ~하다[부정법]

*ce travail : 이 일,작업.

*nous aurons<avoir : avoir동사는 " ~지니다, 가지다" 라는 동사로 "시간이 걸리다, 들다" 의 표현으로 쓰인다 [직설법 단순미래, 1인칭복수활용]

*dix jours : 10일.

*fou : 광적인, 미친.

*ce n'est pas assez : 충분치 않다, assez는 "상당히", "꽤나"라는 양적부사.

*on : nous대신 구어주어로 쓰임 [부정대명사]

*mon explication : f.나의 설명[소유형용사+명사]

Terminer une conversation(대화를 끝마치기)

2.51. Eh bien, je dois partir maintenant.
(글쎄 그러면, 내가 이제 가봐야만 해)

A : Le film commence à 8heures et demie.(영화는 8시 30분에 시작해.)

On se donne rendez-vous devant le cinéma?(영화관 앞에서 우리 약속하면 어떨까?)

B : D'accord. Bon, **eh bien, je dois partir maintenant**(동의해, 좋아, 그러면 이제 가봐야만 해.)

À noter

eh bien(그럼)이라는 간투사로 대화의 분위기를 전환할 때 쓰인다. bon도 기존의 인사말에 인용되는 "좋은"의 의미가 아니라 간투사 기능일때는 "자, 그러면"의 의미로 쓰인다.

vocabulaire

*le film : 영화

*commence<commencer : 시작하다[직설법 현재, 3인칭 단수 활용]

*à 8heures et demie : 8시 30분>.

*On se donne rendez-vous<se donner : 서로에게 약속을 주다(약속을 정하다)[직설법 현재, 3인칭활용]

*devant : ~앞에[전치사]
*le cinéma : 영화관.
*d'accord : 동의하다.
*je dois<devoir : ~해야 한다+동사원형(부정법)[직설법 현재, 1인칭활용]
*partir : 출발, 떠나다[부정법]
*maintenant : 지금, 이제.

2.52. Excusez-moi, il faut que je m'en aille.
(실례지만, 제가 먼저 가야해요)

A : Merci beaucoup de votre aide.(당신이 도와주셔서 대단히 감사합니다.)

B : Vous pouvez m'appeler si vous avez encore des problèmes. (문제 또 있으시면 제게 전화주세요.)
Bon, maintenant, **excusez-moi, il faut que je m'en aille.** (자, 이제 실례지만, 가 봐야겠어요.)

À noter

excusez-moi! "미안합니다"라는 사과의 표현이기도 하고, 실례를 범할 때 상대에게 상황에 대한 배려를 구할 때 쓰는 표현이다. Il faut que는 falloir동사 (~해야한다, ~필요하다)는 비인칭 구문으로 que이하의 종속절에선 주관적인 감정화법인 접속법을 반드시 쓴다.

vocabulaire

*votre aide : f.당신의 도움[소유형용사+여성명사]

*vous pouvez<pouvoir : ~할수 있다(pouvoir+부정법)[직설법 현재, 2인칭복수활용]

*m'(me) : 나에게 [인칭대명사, 직접목적어, 1인칭활용]

*appeler : 전화하다[부정법]

*si : ~있다면,~인지 아닌지[접속사] 조건법에선 “만일~라면”의 “조건”표현.

*vous avez<avoir : ~가지다[직설법 현재, 2인칭복수형]

*des problèmes : m.문제.

*bon : “자”[간투사: 환기어]

*maintenant : 지금, 이제.

*Il faut que<falloir : ~해야한다, ~필요하다[직설법 현재, 3인칭 활용, 비인칭구문]

*je m'en aille<s'en aller : 떠나다, 가버리다[접속법 현재, 1인칭 활용]

Dire qu'on ne comprend pas
(이해가 되지 않음을 말하기)

2.53. Je ne comprends pas(난 이해가 잘 안가.)

A : Vous avez composté votre billet?(당신의 승차권을 티켓팅 했나요?)

B : Euh... Excusez-moi, **je ne comprends pas.**(어...,미안합니다만, 이해가 잘 안가요.)

vocabulaire

*Vous avez composté<composter : 자동기기에 티켓을 넣고 승차전 날짜, 목적지 날인을 하는 절차[직설법 복합과거, 2인칭복수활용]

*votre billet : m.당신의 승차권[소유형용사+명사]

2.54. Qu'est-ce que vous dites? (당신이 뭐라고 말 하신거죠?)

A : Oh, la belle voiture!(오! 멋진 자동차군요!)

B : Pardon? **Qu'est-ce que vous dites?**(뭐라구요? 당신이 뭐라고 말하신거죠?)

À noter

Qu'est-ce que vous dites? 는 상대방의 대화를 잘못 이해했다거나 못알아들었을때 건네는 말 Pardon?도 같은 의미전달로 쓰인다.

vocabulaire

*la voiture : 자동차.

*belle[beau] : 아름다운.

*pardon? : 뭐라구요? 미안한데?.

*qu'est-ce que... : 무엇을 [사물을 묻는 의문문]

*vous dites<dire : 말하다[직설법 현재, 2인칭복수활용]

2.55. Pouvez-vous répéter? (당신이 반복해 주실수 있으세요?)

A : Je n'ai pas bien compris. **pouvez-vous répéter?**(제가 잘못 이해했어요, 한번 더 반복해 주실 수 있으시겠어요?)

B : Bien sûr.(물론이죠.)

À noter

pouvez-vous<pouvoir동사의 직설법 도치활용이며, pourriez-vous는 같은 동사의 조건법 현재 공손어구 화법이다.

vocabulaire

*Je n'ai pas bien compris<comprendre : 이해하다.[직설법 복합과거, 1인칭 부정법]

*répéter : 반복하다[부정법]

*Bien sûr : 물론이야, 당연히[관용어구]

2.56. Pourriez-vous parler plus lentement?
(당신이 좀더 천천히 말씀해 주실수 있으시겠어요?)

A : Pourriez-vous parler plus lentement, s'il vous plaît?(조금 더 천천히 말씀해 주실수 있으시겠어요?)

B : Oh, excusez-moi! j'aurais dû faire attention.(미안합니다, 주의를 좀 했어야 했는데요.)

vocabulaire

*Pourriez-vous<pouvoir : ~할 수 있으시겠어요? [조건법 현재, 2인칭복수활용, 도치의문]

*parler : 말하다[부정법]

*plus lentement : 더 천천히[부사]

*s'il vous plaît : 공손어구의 관용적 표현.

*j'aurais dû<devoir : ~했어야만 했는데[조건법과거, 1인칭단수 활용; 후회, 미련의 표현]

*faire attention : 주의, 조심하다[부정법]

2.57. Qu'est-ce que c'est...?(이것은 무엇인가요?)

A : Ma fille a une otite.(내 딸아이가 중이염을 갖고 있어요.)
B : Qu'est-ce que c'est "une otite"?("une otite"가 뭔가요?)

À noter

Qu'est-ce que c'est...? "이것은 무엇인가요"의 사물에 대한 의문으로 일반적으로 쓰이고, 단어의 뜻을 모를때 "무슨 의미가 있나요"라고 묻기도 한다.

vocabulaire

*ma fille : 내 딸아이.
*a<avoir : ~가지다[직설법 현재, 3인칭 활용]
*une otite : 중이염.

2.58. Qu'est-ce que ça veut dire...? (...은 무엇을 의미 하나요?)

A : Tu sais, je suis assez superstitieuse.(너가 알다시피, 난 꽤 미신을 믿어.)

B : Qu'est-ce que ça veut dire "superstitieuse"?("superstitieuse"는 무슨 뜻이지?)

À noter

Qu'est-ce que ça veut dire...?는 낱말, 단어의 의미를 모를때 가 하는 관용적 표현이며, vouloir dire=signifier(의미하다)를 나타낸다.

vocabulaire

*tu sais<savoir : (지식습득을 통해)~알다[직설법 현재, 2인칭단수활용]

*assez : 상당히, 꽤나(양적 부사)

*superstitieuse : 미신을 믿는.

*qu'est-ce que : 무엇을...?

*ça veut dire<vouloir dire : ~의미하다[직설법 현재, 3인칭단수활용]

S'assurer que i'interlocuteur a compris
(대화상대자가 이해했는지 확신하기)

2.59. Vous avez compris?(당신이 이해하셨어요?)

A : Vous avez compris?(당신이 이해했나요?)
B : Oui, parfaitement.(예, 완전히요.)

À noter
vous comprenez?[직설법 현재 의문형, 2인칭복수주어]로 활용.

vocabulaire
*vous avez compris? : [직설법 복합과거, 2인칭복수활용]
*parfaitement : 완전히 [j'ai parfaitement compris : 난 완전하게 이해했어]

2.60. Tu comprends ce que je veux dire?
(너 내가 뭘 의미하는지 이해되니?)

A : **Tu comprends ce que je veux dire?**(너 내가 뭘 의미하는지 이해되니?)

B : pas très bien. Tu peux m'expliquer encore une fois?(그렇게 잘 이해되진 않아. 한번 더 내게 설명해 줄수 있겠니?)

À noter

vous는 존칭적 표현으로 바꿔보면 vous comprenez ce que je veux dire?로 쓸수 있다. ce que는 Qu'est-ce que의 간접인용으로 주어적 해석이 가능하다.

vocabulaire

*tu comprends <comprendre : 이해하다[직설법 현재, 2인칭단수활용]
*ce que : ~하는 것은.
*je veux<vouloir : [직설법 현재, 1인칭 활용]
*dire : 말하다[부정법]
*pas très bien : [je ne comprends pas très bien]의 단문처리
*tu peux<pouvoir : ~할수 있다 [직설법 현재, 2인칭활용]
*m'(me) : 나에게[인칭대명사, 간접목적어, 1인칭활용]
*expliquer : 설명하다[부정법]
*encore une fois : 한번 더.

Chercher ses mots(본인의 말들 찾기)

2.61. Je ne trouve pas le bon mot. (난 적당한 말을 못 찾겠어.)

A : L'endroit est beau, original..., euh..., **je ne trouve pas le bon mot.**(그 장소가 아름답고, 독보적이야..., 어...,적당한 말을 못 찾고 있어.)

B : vous voulez dire "pittoresque"?("그림같은/사진같은"이라는 말을 하고 싶은건가요?)

À noter

Je ne trouve pas le bon mot.는 상황에 적합한 말이나 표현을 찾기가 어렵다고 말하는 표현으로 trouver는 "발견하다, 찾다"의 의미를 지닌다. le bon mot는 적합한 말, 좋은 낱말, 표현을 나타낸다.

vocabulaire

*l'endroit : m.장소, 곳.

*beau : 아름다운.

*original : 독창적인, 독보적인.

*vous voulez<vouloir : ~원하다.[직설법 현재, 2인칭복수활용]

*dire : 말하다[부정법]

*pittoresque : 그림같은, 사진같이 파노라마 화되는 풍경을 묘사하는 형용사.

2.62. Comment je peux vous expliquer...? (내가 당신에게 어떻게 설명하면 될까?)

A : Qu'est-ce que c'est "댕기"?(“댕기”가 뭐지?)

B : Euh...,**comment je peux vous expliquer...?**(어, 글쎄... 어떻게 설명하면 될까?)

À noter

상대에게 설명을 가할 때 완곡하게 도입어구로 쓰는 일반화된 표현이다.

vocabulaire

*Qu'est-ce que c'est? : Que(무엇 : 의문대명사)는 의문문구조로 사물이나 추상개념을 묻는 표현.

*comment... : 어떻게[양태의 의문부사]

*je peux<pouvoir : ~할수 있다(가능성+허락을 구할때)[직설법 현재, 1인칭활용]

*vous : 당신에게[인칭대명사, 간접목적어, 2인칭복수활용]

*expliquer : 설명하다[부정법]

3. 의견, 의사를 묻고 말하기

Demander des informations
(정보들을 묻기 ; 요구하기)

3.1. Je peux vous poser une question? (내가 질문하나해도 될까요?)

A : **Je peux vous poser une question?**(당신에게 질문하나 해도 될까요?)

B : Mais, bien sûr.(물론 당연히 그렇고말고요.)

À noter

J'ai une question(질문을 하나 가지고 있어요) 단수부정관사처리의 une question은 des questions으로 바꿔 쓸수 있다.

vocabulaire

*je peux<pouvoir : ~할수 있다. ~해도 될까요?[직설법 현재, 1인칭활용]

*vous : 당신에게 [인칭대명사, 간접목적어, 2인칭복수활용]

*poser une question : 질문하다[부정법]

*mais bien sûr : 물론이지. [mais : 강한긍정을 표현]

3.2. Je voudrais avoir un renseignement? (제가 정보하나를 갖고 싶은데요?)

A : Pardon madame, **je voudrais avoir un renseignement?**(실례지만, 부인, 제가 정보를 하나 갖고 싶은데요?)

B : Oui, bien sûr, monsieur.(예, 물론이죠.)

À noter

의문문이 아닌 긍정문에서도 상대에게 정보를 구하고자 요구할 때 같은 뉘앙스로 쓸수 있다.

vocabulaire

*pardon : 실례합니다(사과조의 미안함 표현뿐 아니라 실례를 구할 때 쓰는 표현)

*je voudrais<vouloir : ~하고 싶습니다[조건법 현재, 1인칭활용]

*avoir : ~가지다[부정법]

*un renseignement : 정보.

3.3. Qui est-ce qui...?(누가...?)

A : **Qui est-ce qui** apporte le vin?(누가 포도주를 가지고 올거니?)
B : c'est moi.(나야.)

À noter

Qui est-ce qui(누가) : Qui는 사람을 묻는 의문대명사로 홀로 문장에 쓰일수도 있고, est-ce qui는 "주어"라는 문장성분을 알려주고, est-ce que와의 결합이라면, "목적어"의 기능을 알려준다. 또한, 이 문장을 Qui est-ce qui apporte le vin?으로도 사용한다.

vocabulaire

*apporte<apporter : 가지고 오다.[직설법 현재, 3인칭단수]
*le vin : 포도주.
*moi : 나[인칭대명사, 강세형, 1인칭활용]

3.4. Qui est-ce que...?(누구를...?)

A : Qui est-ce que tu invites?(너는 누구를 초대하니?)

B : J'invite les collègues du bureau.(난 직장동료들을 초대해.)

À noter

Qui est-ce que(누구를) : Qui는 사람을 묻는 의문대명사로 est-ce que는 "목적어"라는 문장성분을 알려주고, Qui invites-tu?로 문장을 다시 쓸수 있다.

vocabulaire

*tu invites<inviter : 초대하다[직설법 현재, 2인칭단수]

*j'invite<inviter : 초대하다[직설법 현재, 1인칭단수]

*les collègues : m.pl. 동료들(일, 회사내)

*le bureau : 사무실, 책상 [du=de+le : 축약관사]

3.5. À qui est-ce que...?(누구에게...?)

A : À qui est-ce que tu as prêté ta voiture?(넌 누구에게 너의 자동차를 빌려줬니?)

B : Je l'ai prêtée à Vincent.(난 벵썽에게 그걸 빌려줬어.)

À noter

à qui est-ce que(누구에게) : 의문대명사는 사람을 가리키는 qui는 전치사 à를 앞세울수 있으며, 대상을 표현하고, À qui est-ce que tu as prêté ta voiture?의 문장은 À qui as-tu prêté ta voiture?의 복합과거 도치의문문으로 쓸수 있다.

vocabulaire

*tu as prêté<prêter : 빌려주다[직설법 복합과거, 2인칭단수활용]
*ta voiture : 너의 자동차.
*je <l'>ai prêtée à : 그것을[la=la voiture : 직접목적보어대명사]
*l'(la) : [인칭대명사, 직접목적어, 3인칭단수]

3.6. Avec qui est-ce que...?(누구와 함께 ....인가?)

A : **Avec qui est-ce que tu déjeunes?** (너는 누구와 함께 점심 식사를 하니?)

B : je déjeune avec Léa.(난 레아와 점심을 먹어.)

À noter

avec qui est-ce que [전치사+의문대명사(사람)+est-ce que(의문형태소)?] pour qui est-ce que, par qui est-ce que, Avec qui déjeunes-tu?(너는 누구와 함께 점심을 먹니?)[의문사+동사+주어?]어순의 의문문구조이다. 모든 의문사 앞에는 전치사가 앞 설 수 있다.

vocabulaire

*tu déjeunes<déjeuner : 점심식사하다[직설법 현재, 2인칭단수활용]

*je déjeune(avec)<déjeuner : 나는... 와 점심식사를 한다[직설법 현재, 1인칭단수]

3.7. Qu'est-ce que c'est?(이것은 무엇인가요?)

A : Qu'est-ce que c'est? "gomousin"("고무신", 이것은 무엇인가요?)

B : Ce sont des "gomousin" ; des chaussures pour mettre avec un "Hanbok"(이것은 고무신이고, 한복과 맞춰 신는 신발들이에요.)

À noter

c'est(이것은 ~이다 : 단수표현)의 복수활용은 ce sont...이다. ce라는 지시사는 être동사의 3인칭단. 복수활용이 가능하다.

vocabulaire

*ce sont : 이것들은 ~이다.[c'est의 복수형]
*des chaussures : f.신발, 구두.
*pour mettre : 입다, 신다[부정법]
*avec un Hanbok : 한복에 어울리는, 더불어.

3.8. Qu'est-ce qui...?(무엇이...?)

A : Qu'est-ce qui ne marche pas?(무엇이 고장난건가요?)

B : c'est le moteur.(모터예요.)

À noter

Qu'est-ce qui(무엇이) : 문두의 que는 사물을 지시하고, est-ce qui의 부분은 "주어"라는 문장성분을 알려준다.

vocabulaire

*Qu'est-ce qui ne marche pas?<marcher : 작동하다.[직설법 현재, 3인칭단수활용]

*le moteur : 모터(엔진, 가동장치)

3.9. Qu'est-ce que...?(무엇을...?)

A : Qu'est-ce que tu fais demain?(너 내일 뭐 할거니?)
B : Je vais à la piscine avec Davide.(난 다비드하고 풀장에 가.)

À noter

qu'est-ce que 문두의 Que는 무엇(사물)을 의미하고, est-ce que 의 que는 문장성분 "목적어"기능을 한다. Que fais-tu demain? 으로도 표현할수 있다.

vocabulaire

*tu fais<faire : ~하다[직설법 현재, 2인칭단수]
*demain : 내일.
*je vais à<aller : ~가다[직설법 현재, 1인칭단수]
*la piscine : 풀장, 수영장.

3.10. Avec quoi...?(무엇을 가지고...?)

A : **Avec quoi** est-ce que vous préparez ce plat?(당신은 이 음식을 무엇을 가지고 준비하세요?)

B : Avec des pommes de terre et du fromage.(감자들과 치즈를 가지고요.)

À noter

De quoi est-ce que vous parlez?(당신은 무엇에 관해서 말하세요?) ce tissu, c'est quoi faire? avec quoi préparez-vous ce plat?(이 옷감(천)은 무엇을 하기 위한 건가요?) 일반적으로 의문사 앞에 전치사를 놓을수 있다.

vocabulaire

*vous préparez<préparer : 준비하다, 채비하다[직설법 현재, 2인칭복수활용]

*ce plat : 이 음식.

*avec : ~과 함께, ~을 가지고.

*des pommes de terre : f. 감자.

*du fromage : (약간의) 치즈.

3.11. Quel...?(어떤, 무슨...?)

A : Quel pantalon mets-tu?(넌 어떤 바지를 입니?)
B : Le pantalon marron.(밤색바지.)

À noter

의문형용사 quel은 명사와 결합하여 쓰이므로, 4가지 형태 quel, quelle, quels, quelles를 취한다. 위 문장은 Quel pantalon est-ce que tu mets?로 est-ce que라는 의문형태소 뒤에 주어+동사의 어순으로 놓을수 있다.

vocabulaire

*le pantalon : 바지 [une jupe : 스커트]
*mets-tu<mettre : 놓다, 두다, 입다.[직설법 현재, 2인칭활용]
*marron : 밤색의, grise(회색의) blanche(흰색의) noire(검정의) rouge(붉은색의) jaune(노란색의) bleue(푸른색의)

3.12. Quand...?(언제...?)

A : **Quand** est-ce qu'on se voit?(우리 언제 서로 볼까?)

B : Je ne sais pas. je suis assez occupé, en ce moment.(잘 모르겠어, 지금 충분히 바쁘거든.)

À noter

Quand se voit-on? est-ce que를 뺀 의문사+동사+주어? 어순의 의문문구조로 se voir는 '(서로)보다'라는 상호적 의미의 문장을 만든다.

vocabulaire

*on : 우리(들), 3인칭단수활용[nous/les gens(사람들)]

*on se voit<se voir : (서로)보다.[직설법 현재, 3인칭단수활용]

*Je ne sais pas<savoir : (머리속 지식)~알다.[직설법 현재, 1인칭활용, 부정형]

*assez : 꽤나, 상당히[부사]

*occupé : 바쁜.

*en ce moment : 지금, 이제, 순간(=maintenant)

3.13. À quelle heure...?(몇 시에...?)

A : Excusez-moi, monsieur, pourriez-vous me dire **à quelle heure** part le train pour Lyon?(실례지만, 리용행 기차가 몇시에 출발인지 나에게 말씀해 주실수 있으시겠어요?)

B : À 14heures 35.(14시 35분입니다.)

À noter

à quelle heure est-ce que le train part?(의문사+est-ce que+주어+동사)의 어순으로 몇시에 기차가 떠나는지를 묻는 표현이다. Quelle heure est-il?의 같은 표현으로 좀 더 구어적 표현은 vous avez l'heure?(몇 시인가요?)이다. 생활속 프랑스인들은 후자표현을 일반적으로 많이 쓴다.

vocabulaire

*pourriez-vous<pouvoir : ~할수 있다[조건법 현재, 2인칭복수활용, 도치의문]

*me : 나에게[인칭대명사, 간접목적어, 1인칭활용]

*dire : 말하다[부정법]

*part<partir : 떠나다, 출발하다[직설법 현재, 3인칭단수활용]

*le train : 기차.

*pour Lyon : 리용행.

*à 14heures 35 : 14시 35분.

3.14. Où...?(어디에...?)

A : **Où** habitez-vous?(당신은 어디에 사세요?)

B : J'habite dans la banlieue de Paris.(전 빠리 외곽에 살아요.)

À noter

est-ce que(의문형태소)를 위 예문에 응용하면 같은 의미의 또 다른 표현을 만들 수 있다. Où est-ce que vous habitez?로도 표현한다.

vocabulaire

*habitez-vous<habiter : 거주하다, 살다[직설법 현재, 2인칭복수, 도치의문문]

*J'habite<habiter : 거주하다[직설법 현재, 1인칭활용]

*dans la banlieue de Paris : 빠리외곽, 변두리, 교외에서.

3.15. Comment...?(어떻게...?)

A : **Comment** iras-tu à Vichy? En train?(너 어떻게 비쉬까지 갈꺼니? 기차타고?)

B : Non, je vais louer une voiture.(아니, 자동차 렌트 할려구.)

À noter

Comment est-ce que tu iras à Vichy?로도 같은 의미의 의문문을 만들 수 있다.

vocabulaire

*iras-tu (à...)<aller : ~가다.[직설법 단순미래, 2인칭단수, 도치의문]
*En train : m. 기차를 타고, en의 전치사는 교통수단을 의미.
*je vais louer<louer : 빌리다, 임대하다[근접미래 : aller+inf, 1인칭단수활용]
*une voiture : 자동차.

3.16. Pourquoi?(왜 그런가요...?)

A : **Pourquoi** est-ce que vous ne mangez rien?(왜 당신은 아무 것도 안 드세요?)

B : parce que j'ai mal à l'estomac.(왜냐면 위가 아파서요.)

À noter

위 예문은 est-ce que를 삭제한 상태에서 도치의 부정의문문을 만들면 이런 문장이 된다. Pourquoi ne mangez-vous rien? 동사+주어의 도치의문에서 부정부사 ne~rien전체를 감싼 상태로 문장화 시킬수 있다.

vocabulaire

*vous ne mangez rien<manger[ne~rien] : 먹다[직설법 현재, 2인칭복수, 부정형]

*parce que : 왜냐하면 ~때문이다.

*j'ai mal à<avoir mal : ~아프다[직설법 현재, 1인칭단수활용]

*l'estomac : m.위.

Donner son opinion ; demander son avis à quelqu'un
(의견을 주기 ; 누군가에게 자신의 의견을 묻기)

3.17. Je pense que...(~라고 전 생각해요)

A : Je peux m'inscrire au cours de lingustique?(제가 언어학수업을 신청해도 될까요?)

B : Non, **je pense que** ça sera trop difficile pour vous(아니요, 당신에겐 너무 어려울거라 생각되요.)

À noter

penser(생각하다, 사고하다) 판단, 생각전달 차원에서 쓰는 표현이다. Je ne pense pas que...(...와 같이 생각하진 않아요.) 이 동사는 부정형일때 que이하의 종속절을 이끄는 문장이 오면 주관적 감정표현의 접속법을 반드시 쓴다. ①je ne pense pas qu'il vienne(그가 올거라고 생각진 않아요) 이 문장이 문법적으로 명확한 문형이다. 그러나 생활속에서 이런 문장도 간혹 듣게 된다. ②je ne pense pas qu'il viendra[직설법 단순미래]의 문장도 쓴다.
①의 문장이 ②의 문장보다 훨씬 주관적인 의심이 짙고, ②의 문장은 가능성여부를 포함한다.

vocabulaire

*je peux<pouvoir : ~할수 있다[직설법 현재, 1인칭단수활용]

*m'inscrire à<s'inscrire : ~에 등록하다, 가입하다[부정법]
*le cours : 수업.
*lingustique [la] : 언어학.
*je pense que<penser : ~생각하다[직설법 현재, 1인칭단수]
*ça sera<être : ~가 되다[직설법 단순미래, 3인칭단수활용]
*trop : 매우, 너무.
*difficile : 어려운.
*pour : ~위하여[전치사]
*vous : 당신에게 [인칭대명사, 강세형, 2인칭복수]

3.18. Je crois que...(..라고 생각해)

A : Il fait un temps glacial!(날씨가 몹시 차가워!)

B : Oui, je crois qu'il va neiger ce soir.(그래, 내 생각엔 오늘 저녁 눈이 올것 같애.)

À noter

croire(추측적으로)생각하다, penser(사고)객관적으로 생각하다. je ne crois pas qu'il vienne.(그가 올거라고 생각진 않아요)[접속법 현재] croire동사가 ne+verbe+pas의 부정문일때 que이하의 종속절은 접속법이 되는게 일반적이다. 그러나, 말하기 불어, 구어체에서는 je ne crois pas qu'il viendra[직설법 단순미래]로도 구사하는데, 위 접속법 문형이 훨씬 "의심"의 표현이 강하고, 두 번째 예문은 가능성여부의 표현으로 남는다.

vocabulaire

*il fait<faire : 날씨 표현[직설법 현재, 3인칭활용, 비인칭구문]
*un temps : 날씨, 시간.
*glacial : 얼어붙은.
*il va neiger<neiger : 눈이 오다[aller+inf :근접미래, 3인칭활용, 비인칭구문]

3.19. Je trouve que...(...라고 생각해)

A : Est-ce que cette robe me va?(이 원피스가 나에게 어울려?)

B : Euh...,je trouve qu'elle est un peu trop courte.(글쎄...,내 생각엔 이 원피스가 약간 지나치게 짧아 보여.)

À noter

je crois que, je pense que는 긍정문에선 객관적 사실을 표현하는 직설법을 쓰고, ne+verbe+pas의 부정문에선 주관적 감정표현의 접속법을 쓴다. 마찬가지로, 전제된 상황에 대한 생각,의견표현에 trouver를 쓰는데 같은 문장구조를 갖는다. 하지만 구어체에서는 이렇게 두 문장으로 표현이 가능하다. Je ne trouve pas que cette fille soit belle[접속법 현재활용](이 소녀가 아름답다고 생각진 않아요 ; 주관적 감정강조) Je ne trouve pas que cette fille est belle[직설법 현재], 문법적으론 틀렸지만 회화체에선 구사된다.

vocabulaire

*cette robe : 이 원피스[지시형용사 여성형+명사]
*me : 나에게[인칭대명사, 간접목적어, 1인칭활용]
*va<aller : 가다, 어울리다[직설법 현재, 3인칭활용]
*un peu : 약간의, 조금의.
*trop : 지나치게, 너무.
*courte[court] : 짧은 [/long(ue);긴]

3.20. À mon avis(내 의견은...)

A : À mon avis, tu devrais changer de coiffure.(내 생각엔, 네가 머리스타일을 바꿔야만 할것 같애.)

B : Tu crois?(너 그렇게 생각해?)

À noter

à mon avis라는 독립 어구는 개인적 의견을 표현할 때 쓰는 문장이다.

vocabulaire

*tu devrais<devoir [devoir+inf] : ~해야 한다.[조건법 현재, 2인칭단수활용]

*changer (de...) : ~바꾸다[부정법]

*coiffure : f.머리스타일.

*Tu crois?<croire : 너 그렇게 생각해?[직설법 현재, 2인칭활용]

3.21. Comment trouvez-vous?
(당신은 어떻게 생각하세요?)

A : Comment trouvez-vous cette traduction?(당신은 이 번역에 대해서 어떻게 생각하세요?)

B : oh, excellente!(오, 훌륭해요!)

À noter

Je trouve que의 trouver라는 동사는 "발견하다"의 의미 외에 전제된 상황을 근거로 하여 "생각하다"라는 의미를 갖는다.

vocabulaire

*cette traduction : 이 번역.

*Excellente![excellent] : 훌륭한, 뛰어난 [Elle est excellente : 단문]

3.22. Qu'en penses-tu? (넌 그것에 대해 어떻게 생각해?)

A : pour moi, cette conférence était nulle. **Qu'en penses-tu?**(내가 보기엔, 이 강연이 엉망이였어, 어떻게 생각해?)

B : Tu exagères! il y avait des choses intéressantes.(과장하네! 흥미로운 것들이 많이 있었어.)

À noter

Je pense que... / Je crois que...(나는...라고 생각해요.)의 penser와 croire동사는 생각, 의견의 표현으로 정확성이 결여된 추측적 생각에는 후자의 표현을 쓴다. Qu'est-ce que는 의문사이며, penser de에서 de이하의 명사는 중성대명사 en으로 대체해서 쓸 수 있다.

vocabulaire

*pour moi : 나로서는, 내 의견대로라면.

*cette conférence : 이 강연

*était<être : ~였다[직설법 반과거, 3인칭단수]

*nulle[nul] : 엉망의, 형편없는, 무의

*qu' (que) : 무엇(의문대명사)

*en[de+] : (de+사물명사)를 대체[중성대명사]

*penses-tu<penser : 사고[직설법 현재, 2인칭단수, 직설법 의문형]

*Tu exagères!<exagérer : 과장하다.[직설법 현재, 2인칭단수]
*il y avait<avoir : ~있다.[직설법 반과거, 3인칭단수, 비인칭구문]
*des choses : f.사물, 물건들
*intéressantes : 흥미로운 [intéressant]

3.23. Quel est votre avis?(당신의 의견이 뭔가요?)

A : On devrait augmenter le nombre d'heures d'anglais au lycée. **Quel est votre avis?**(고등학교에서 영어시간수를 늘려야만 할것 같은데요, 당신의 의견은 어떠세요?)

B : vous savez, moi, je pense qu'il faut plutôt changer la méthode d'enseignement.(당신이 알다시피, 내 생각엔 오히려 교육방법을 바꿔야만 할 것 같은데요.)

À noter

tu의 친근도 표현으로 quel est ton avis?(너의 의견은 어때?)로 쓸수 있다.

vocabulaire

*On devrait<devoir : 우리가 ~해야만 할것 같다[조건법 현재, 3인칭단수활용]

*augmenter : 상승, 증가하다[부정법]

*le nombre : 수.

*heure(s) : f.시간.

*anglais : m.영어.

*le lycée : 고등학교[au=à+le]

*vous savez<savoir : (머리속 지식으로)알다.[직설법 현재, 2인칭복수]

*moi : 나 [인칭대명사, 강세형, 1인칭]

*je pense qu'(que)<penser : ~생각하다.[직설법 현재, 1인칭단수]

*il faut<falloir : ~해야한다, ~이 필요하다[직설법 현재, 3인칭단수]

*plutôt : 오히려, 차라리[비교부사]

*changer : 바꾸다, 교체하다[부정법]

*la méthode : 방법.

*enseignement : m.교육.

Exprimer son accord, son désaccord
(동의와 부동의 표현하기)

3.24. C'est vrai.(사실이야.)

A : Les hôtels à Séoul sont trop chers.(서울에서 호텔들이 너무 비싸.)

B : Oh, oui, ça. **c'est vrai.**(어, 그래, 그건 사실이야.)

À noter

c'est sûr(확실해) ; Exactement(정확히) 위 표현의 비슷한 의미로 이렇게도 표현할수 있다.

vocabulaire

*les hôtels : m. 호텔들.

*trop : 지나치게, 매우, 너무.

*chers[cher] : 비싼, 고가의 [bon marché : 저렴한]

3.25. Absolument!(절대적으로 그래!)

A : Notre quartier est mal desservi.(우리 동네는 교통이 불편해)
B : Absolument! (절대적으로 그래)

À noter

Absolu(절대적인) ; 모음으로 끝나는 남성형용사는 뒤에 ment를 붙여서 부사화시킨다.

vocabulaire

*notre quartier : m. 우리동네(구역)
*mal desservi : 교통이 불편한.

3.26. Je suis d'accord.(동의해요)

A : Je pense qu'on n'a pas eu assez d'informations.(제 생각엔 우리가 충분한 정보를 갖지 않았다고 생각해요.)

B : Je suis d'accord avec vous.(저도 당신의 의견에 동의해요.)

À noter

Je suis d'accord라는 표현은 약어식 표현으로 D'accord(동의해)로 나타낸다. 부동의 표현으로 je ne suis pas d'accord avec vous를 쓴다.

vocabulaire

*je pense que...<penser : ~생각하다[직설법 현재, 1인칭단수]

*on n'a pas eu<avoir : ~가지다[직설법 복합과거, 3인칭 단수활용, 부정법]

*assez d'(de) : 꽤나, 상당히.

*information : f.정보.

3.27. Sans doute(아마도...)

A : Il faudra bientôt changer de voiture, non?(자동차를 곧 바꿔야만 할것 같은데 그렇치 않니?)

B : sans doute, mais ça coûte cher.(아마도, 하지만 꽤 비싼 비용이 들꺼야.)

À noter

peut-être(bien)는 (아마도)라는 표현도 함께 추측적 어감의 부사로 쓸수 있다.

vocabulaire

*il faudra<falloir : ~해야한다, ~필요하다[직설법 단순미래, 3인칭 단수, 비인칭구문]

*bientôt : 곧, 머지않아.

*changer (de...) : ~을 바꾸다[부정법]

*voiture : f.자동차.

*...,non? : 그렇치 않니?[부가의문문을 이끄는 관용어구=n'est ce-pas? ; 상대로 하여금 긍정의 대답요구]

*mais : 그러나.

*ça coûte cher<coûter cher : 비싼 비용이 든다 [직설법 현재, 3인칭단수]

3.28. C'est possible.(가능해.)

A : Laure ne sera pas contente si on ne lui téléphone pas.(로르는 우리가 그녀에게 전화하지 않는것에 불만족스러울꺼야.)

B : C'est possible.(그럴수 있어.)

vocabulaire

*Laure ne sera pas<être : [직설법 단순미래, 3인칭단수, 부정형]

*contente[content] : 만족스러운

*si : 만일 ~라면

*on ne <lui> téléphone pas<téléphoner : 전화하다.[직설법 현재, 3인칭단수, 부정형]

*lui : 그녀에게 [인칭대명사, 간접목적어, 3인칭단수]

3.29. Ce n'est pas vrai.(사실이 아니야.)

A : Tous les Coréens sont timides.(모든 한국인들은 소심해)

B : Ce n'est pas vrai. mes amis ne sont pas timides.(사실이 아니야, 내 모든 친구들은 소심하지 않아.)

À noter

Tu crois? (너 ...라고 생각해?)라는 표현과 Je ne le pense pas. (난 그렇다고 생각진 않아)라는 문장으로도 쓸수 있다.

vocabulaire

*Tous les Coréens : 모든 한국인들[부정형용사+관사+국적형용사]

*timides[timide] : 겁많은, 소심한.

*mes amis : m.나의 친구들.

3.30. Pas du tout.(전혀 아니야.)

A : Tu ne crois pas que tu auras trop chaud avec ce manteau? (이 외투입으면 지나치게 더울거라 생각들지 않니?)

B : **Pas du tout!** la météo a annoncé une vague de froid.(전혀 그렇치 않아! 일기예보에선 한파가 있을거라 알렸어.)

À noter

pas du tout는 (전혀 ~이 아니다)라는 강한 부정의 부사로 쓰인다.

vocabulaire

*Tu ne crois pas que<croire : ~라고 생각지 않는다[직설법 현재, 2인칭단수, 부정형]

*tu auras <trop> chaud<avoir chaud : 덥다[직설법단순미래, 2인칭단수]

*trop : 지나치게, 매우[부사]

*avec : ~와 함께.

*ce manteau : 이 외투(겨울용)

*la météo : 일기예보.

*a annoncé<annoncer : 알리다, 공고하다[직설법 복합과거, 3인칭단수]

*une vague de froid : 한파 (약한 추위)

3.31. Je ne suis pas d'accord.(동의하지 않아)

A : Prenons l'autoroute!(고속도로를 타자!)

B : Ah non, **je ne suis pas d'accord.** les routes de campagnes sont plus agréables.(아니야, 동의하진 않아, 시골길들이 더 쾌적해.)

À noter

위 표현은 avec라는 전치사와 함께 대상을 밝히며 쓸수 있다.(~누구의 말에 동의하다.)

vocabulaire

*prenons<prendre : ~취하다, 타다[verbe+도로명][명령형, 1인칭복수]
*l'autoroute : f.고속도로.
*plus agréables [agréable] : 쾌적한, 기분좋은 [plus;부사]
* les routes de campagnes : 전원도로, 시골도로.

Exprimer son intérêt(흥미 표현하기)

3.32. Je m'intéresse à...(난...분야에 흥미가 있어.)

A : **Je m'intéresse beaucoup à** l'art du Moyen-Âge.(난 중세예술에 많은 관심을 갖고 있어요.)

B : Alors, n'oubliez pas de visiter le musée de Cluny.(그러니까, 끌뤼니 박물관 방문하는거 잊지마세요.)

À noter

Je m'intéresse(<s'intéresser)à 라는 표현은 [~에 흥미가 있다, ~에 관심이 있다]라는 뜻으로 항상 전치사 à 를 동반한다.

vocabulaire

*beaucoup : 많이, 매우[양적부사]
*l'art : m.예술.
*du Moyen-Âge : 중세의 [du=de+le:축약관사]
*alors : 그래서, 그러니까.
*n'oubliez pas(de)<oublier : ~를 잊지않다.[명령형, 2인칭복수, 부정형]
*visiter : 방문하다[부정법]
*le musée : 박물관, 미술관.

3.33. Je suis intéressé(e) par...
(난 ~에 의해서 관심을 갖게 되네요)

A : Madame, vous désirez?(부인, 뭘 도와 드릴까요?)

B : Voilà, **je suis intéressé(e) par** votre circuit dans le Midi. (남불 지방으로 가는 당신의 여행투어에 관심이 가네요.)

À noter

intéresser는 [관심을 끌다, 흥미를 갖게 하다, ~에 관계하다]라는 타동사로 Je suis intéressé(e)는 par에 의해 이끌어 지는 수동형 문형이다.

vocabulaire

*vous désirez?<désirer : ~바라다[직설법 현재, 2인칭복수]

*Voilà : 물건을 건넬때[여기 있어요]의 의미로 쓰이나, 이 문장 뒤에선 주어+동사의 문장을 끌어 오기 위한 도입어.

*votre circuit : m.일주, 투어, 관광[소유형용사+명사]

*dans : ~안에.

*le Midi : 남불(대문자 표기시)

3.34. Je suis curieux(se) de...
(난 ~에 대하여 호기심이 있어.)

A : Naïma va nous faire un plat de son pays.(나이마는 우리에게 자신의 나라음식을 만들어 줄꺼야.)

B : Formidable! **je suis curieux de** goûter la cuisine tunisienne. (굉장히 멋져! 난 튀니지음식을 맛보는데 호기심이 있어.)

À noter

curieux(se)는 [호기심이 있는]이라는 형용사로 인칭주어와의 결합에선 être curieux(se) de...로 구사한다.

vocabulaire

*Naïma va <nous> faire<faire : ~를 만들다[근접미래, 3인칭단수]
*nous : 우리들에게[인칭대명사, 간접목적어, 1인칭복수]
*un plat : 요리, 음식.
*de son pays : 자신의 나라, 고장.
*Formidable! : 굉장한, 멋진.
*goûter : 맛보다, 간식을 하다[부정법]
*la cuisine : 요리.
*tunisienne[tunisien] : 튀니지식의.

Exprimer son désir(자신의 소망, 바램표현하기)

3.35. Je voudrais...(~하고 싶습니다.)

A : **Je voudrais** réserver une table pour demain soir.(내일 저녁을 위해 테이블예약을 하고 싶습니다.)

B : oui, monsieur, À quel nom?(예, 그렇게 하세요, 성함이 어떻게 되세요?)

À noter

Je voudrais는 조건법 현재문장으로 공손어구표현이고, je veux는 직설법 현재표현으로 말하는 화자위주의 표현이다. 전자의 표현이 훨씬 상대방을 배려한 좋은 표현이다.

vocabulaire

*réserver : 예약하다[부정법]

*une table : 탁자, 테이블.

*pour : ~위하여[목적]

*demain soir : m.내일저녁.

*À quel nom? : 어떤 성함을 갖느냐?.

3.36. J'aimerais...(~하고 싶습니다.)

A : **J'aimerais** voir le sac noir qui est en vitrine.(진열창 안에 있는 검정가방을 보고 싶습니다.)

B : Celui qui est devant la serviette marron?(갈색서류 가방 앞에 있는 그것 말하는 건가요?)

À noter

Je voudrais는 J'aimerais표현으로 공손어구처리를 할수 있다.

vocabulaire

*voir : ~보다[부정법]
*le sac : 가방.
*noir : 검정색의.
*qui : [관계대명사][선행어구 관계절의 주어는 le sac noir]
*en vitrine : f.진열창에서.
*celui qui : 그것, 저것, 이것[지시대명사 남성단수+관계대명사]
*devant : ~앞에, derrière ~뒤에.
*la serviette : 서류가방.
*marron : 밤색의, 갈색의.

3.37. J'ai envie de...(난~하고 싶어.)

A : Tu n'as pas soif, toi?(너 목마르지 않니?)
B : oh, si! **j'ai envie d'**une bière bien fraîche.(그래! 아주 시원한 맥주한잔 마시고 싶어.)

À noter

j'ai envie de dormir[잠을 자고 싶다]라는 표현처럼, avoir envie de이후엔 명사나 동사원형을 바로 쓸수 있다.

vocabulaire

*Tu n'as pas soif?<avoir soif : 갈증나다, 목마르다[직설법 현재, 2인칭단수, 부정형]
*toi : 너, 호격[인칭대명사, 강세형, 2인칭단수][tu의 강세형]
*si : 아니오, [부정의문문에 대한 긍정의 대답은 oui가 아니라 si]
*une bière : 맥주 한잔=un demi가 일반적임.
*fraîche(frais) : ~시원한, 신선한.

3.38. Je pense...(난 ~라고 생각해요.)

A : Qu'est-ce que tu vas faire pour les vacances?(넌 휴가 동안 뭘 할꺼니?)

B : **Je pense** partir deux semaines dans les Alpes.(알프스로 두 주 떠날 생각이야.)

À noter

<penser+inf>[~할 생각이다] 판단.근거의 동사가 나오면 바로 뒤에 동사원형을 쓸수 있다.

vocabulaire

*qu'est-ce que : 무엇을.
*tu vas faire<faire : ~하다[근접미래, 2인칭단수]
*pour : ~위해서.
*les vacances : f.휴가, 바캉스.
*partir : ~떠나다, 출발하다[부정법]
*deux semaines : 2주간.
*dans : ~안에.
*les Alpes : f.알프스산에서[지방, 산악지대 표시는 dans]

Affirmer une décision(결정을 확실시 하기)

3.39. J'ai décidé de...(~하는 것을 결정했어요.)

A : Une cigarette?(담배하시겠어요?)

B : Non, merci, **j'ai décidé de** ne pas fumer.(고맙지만 아니구요. 담배피지 않으려고 결정했어요.)

À noter

decidér[결정하다, 결심하다]라는 의미의 1군동사로 대체로 결과문장으로 쓰이기 때문에 조동사 avoir를 동반한 복합과거 시제구사가 일반적이다. 전치사 de를 매개로 또 다른 동사를 끌어온다.

vocabulaire

*une cigarette : 담배.

*Non, merci : 고맙지만, 아닙니다.

*ne plus : 더 이상 ~이 아니다[부정법동사를 부정할 때 : ne pas, ne plus를 붙여 표기]

*fumer : 흡연하다[부정법]

3.40. J'ai renoncé à....(~하는것을 단념했어)

A : Tu sais, **j'ai renoncé à** faire le tableau statistique avec mon ordinateur. je ne suis pas assez doué.(너 그거 알아, 컴퓨터로 통계표 만드는거 포기했어, 아무래도 충분한 재능이 없어.)

B : Ah bon? Tu veux que je te le fasse?(아, 그래? 내가 네게 그걸 해 주길 원하니?)

À noter

renoncer는 à라는 전치사 뒤에 항상 동사원형(부정법)을 쓴다. [~를 포기, 단념하다]

vocabulaire

*tu sais<savoir : ~알다[직설법 현재, 2인칭 단수]
*faire : ~하다, 만들다[부정법]
*le tableau statistique : 통계표.
*avec : ~과 함께, ~을 가지고.
*mon ordinateur : 나의 컴퓨터[소유형용사+남성명사]
*assez : 꽤나, 상당히.
*doué : ~타고난, 선천적인.
*Ah bon? : 아~ 그래요?[몰랐던 사실을 알게 됐을때 억양이 올라감]

*tu veux que <vouloir : ~바라다, 원하다[직설법 현재, 2인칭 단수]
*je <te> <le> fasse<faire : ~하다[접속법 현재, 1인칭단수]
*te : 너에게 [인칭대명사, 간접목적어, 2인칭단수]
*le : 그것을 [인칭대명사, 직접목적어, 3인칭단수]

Demander la permission(허락을 구하기)

3.41. Est-ce que je peux...?(내가 ~할수 있을까요?)

A : Est-ce que je peux t'emprunter ce livre?(내가 네게서 이 책을 빌려가도 될까?)

B : Oui, mais n'oublie pas de me le rendre.(응, 하지만 내게 그거 되돌려주는거 잊지마.)

À noter

pouvoir[~할수 있다, ~해도 될까?] Est-ce que[의문형태소]뒤에 주어+동사어순으로 써도 되고, 상대를 배려한 존칭적 표현은 Est-ce que je pourrais...?의 조건법 현재사용이 가능하다.

vocabulaire

*t'(te) : 너에게[인칭대명사, 간접목적어, 2인칭단수]

*emprunter : 빌려오다[부정법]

*ce livre : 이 책.

*n'oublie pas de<oublier : (~를)잊어 버리다, 망각하다[명령형, 2인칭단수, 부정형]

*me : 나에게 [인칭대명사, 간접목적어, 3인칭단수]

*le : 그것을[인칭대명사, 직접목적어, 3인칭단수]

*rendre : 반환하다, 되돌려 주다[부정법]

3.42. Vous permettez que...? (당신이 ~허락하시겠어요?, ~괜찮으시겠어요? ; 상대에게 양해를 구할때)

A : Vous permettez que je fume?(제가 담배를 좀 펴도 될까요?)
B : Oui, bien sûr.(네, 물론이죠.)

À noter

permettre[허락하다]의 동사가 que이하의 절을 이끌때 종속절엔 접속법 현재를 쓸수 있다.

vocabulaire

*je fume<fumer : 흡연하다[직설법 현재, 1인칭단수]
*bien sûr : 물론이지, 당연히.

3.43. Pourriez-vous ...?
(당신이 괜찮으시다면 ~해 주실수 있으시겠어요?)

A : Pourriez-vous me donner votre numéro de téléphone?(당신이 제게 당신의 전화번호를 주실수 있으신가요?)

B : Oui, c'est le 01 43 37 63 85.(네, 01 43 37 63 85예요.)

À noter

pourriez-vous의 문장의 pouvoir는 [조건법 현재] 활용으로 <pouvez-vous+부정법>의 공손어구표현이다.<voulez-vous+부정법>은[조건법현재]공손어구표현으로 <voudriez-vous+부정법>으로 표현할 수 있다.

vocabulaire

*me : 나에게 [인칭대명사, 간접목적어, 1인칭단수]
*donner : ~에게 ~를 주다[부정법]
*votre numéro de téléphone : m. 당신의 전화번호.
*le : ~호.

Demander : proposer de l'aide
(요구하기 ; 도움제안하기)

3.44. J'ai un petit problème
(내가 작은 문제거리를 하나 갖고 있어요.)

A : Excusez-moi, madame. **j'ai un petit problème.** je ne sais pas à quel bureau m'adresser pour avoir le programme.(실례지만, 제가 문제가 좀 있어요, 수업 프로그램을 갖으려고 하는데, 어느 사무실에 말을 건네야 할지 잘 모르겠네요.)

B : C'est au bureau des études, au premier étage.(2층 학습실이예요.)

À noter
j'ai un petit problème(문제가 좀 있는데요)라는 표현은 상대에게 뭔가의 도움을 요구하기 위한 도입의 논리이다. 이때 또 다른 표현으로 je m'excuse de vous déranger mais...(당신을 방해해서 미안합니다만....)로도 쓸수 있다. [déranger : 방해하다], 또한, cela me gêne beaucoup de vous demander ceci, mais...[gêner : ~에게 폐를 끼치다, 피해를 주다]로 표현하기도 한다.

vocabulaire
*je ne sais pas<savoir : ~알다(지식습득)[직설법 현재, 1인칭단수, 부정형]

*à quel bureau : m.어떤 사무실에서 [장소 전치사+의문형용사 남성형+단수명사]

*m'adresser<s'adresser : ~말을 건네다[부정법]

*pour : ~위해서.

*le programme des cours : 수업계획(프로그램)

*le bureau des études : 학습실[au=à+le]

*le premier étage : 2층 [le rez-de-chaussé : 1층][au=à+le축약형]

3.45. Je peux vous aider?
(제가 당신을 좀 도와드려도 될까요?)

A : **Je peux vous aider,** madame?(제가 당신을 좀 도와드려도 될까요?)

B : Oh, merci. pourriez-vous mettre ma valise dans le porte-bagages?(감사해요, 당신이 제 휴대용 여행가방을 짐받이에 놓아주실 수 있으시겠어요?)

À noter

<voulez-vous que je+(접속법)>의 어순으로 예문을 쓰면 voulez-vous que j'ouvre la fenêtre?(제가 창문을 열어드릴까요?) 기본적으로 vouloir라는 바램의 동사는 que이하의 절에서 주관적 감정을 표현하는 접속법을 쓸 수 있다.

vocabulaire

*je peux<pouvoir : ~할 수 있다[직설법 현재, 1인칭단수]

*vous : 당신을[인칭대명사, 직접목적어, 2인칭단수]

*pourriez-vous...? : [조건법 현재, 2인칭복수, 도치의문형]

*mettre : 놓다, 두다[부정법]

*ma valise : 나의 여행용 가방(휴대용)

*dans : ~안에.

*le porte-bagages : 짐받이, 짐칸[동사+복수명사의 복합명사]

Exprimer ses goûts, ses préférences
(자신의 취향과 선호도 표현하기)

3.46. J'aime bien.(난 많이 좋아.)

A : J'aime bien cette robe. je vais l'acheter.(난 이 드레스가 많이 좋아. 내가 그걸로 살꺼야.)

B : Attends! Essaie-la d'abord!(기다려, 잠깐만! 우선 그거 입어봐!)

À noter

aimer는 기호, 취향도를 표현하는"사랑하다, 좋아하다"의 동사이다. 이 동사에 bien의 부사를 덧붙이면 "많이"좋아 하다라고 해서 기호도의 강세가 전달된다. J'aime Catherine.(전 까트린느를 좋아해요.) J'aime bien Catherine.(전 까트린느를 많이 좋아해요.)로 표현한다.

vocabulaire

*cette robe : 이 원피스, 드레스.

*je vais <l'>acheter<acheter : ~사다[근접미래, 1인칭단수]

*l'(la) : 그것을 [인칭대명사, 직접목적어, 3인칭단수]

*attends<attendre : ~기다리다[명령형, 2인칭단수]

*Essaie-la<essayer : ~입어보다, 시도하다[명령형, 2인칭단수]

*la : 그것을 [인칭대명사, 직접목적어, 3인칭단수]

*d'abord : 우선, 먼저.

3.47. Il me plaît(그것이 제 맘에 들어요.)

A : **Cet appartement me plaît** beaucoup.(이 아파트가 나에게 많이 맘에 들어요.)

B : Mais, la cuisine est trop petite.(하지만, 주방이 지나치게 작은데요.)

À noter

plaire(~마음에 들다.)라는 이 동사는 à라는 전치사를 의무적으로 취한다. 다시 말해서 간접목적어를 동사 앞에 취한다. 그러다 보니 [사물주어]나 [무생물주어]가 나가는 것이 일반적이다.

vocabulaire

*cet appartement : 이 아파트[지시형용사 남성 제 2형+모음의 남성명사]

*me : 나에게 [인칭대명사, 간접목적어, 1인칭단수]

*beaucoup : 많이.

*mais : 그러나.

*la cuisine : 주방, 부엌.

*trop : 지나치게, 매우.

*petite : 작은 [petit/grand(e)]

3.48. J'adore...(난 ~많이 좋아해요)

A : J'adore les tableaux de whanki.(난 "환기"의 그림들을 많이 좋아해요.)

B : pas moi. je n'aime pas la peinture abstraite.(난 아니예요, 추상화 좋아하지 않아요.)

À noter

adorer(지극히 좋아하다, 매우 좋아하다)는 aimer보다 더 상승된 기호도 표현에 사용한다.

vocabulaire

*les tableaux : m. 그림들, 작품들.
*pas moi : [부정부사+강세형인칭대명사]
*je n'aime pas<aimer : ~사랑하다[직설법 현재, 1인칭단수, 부정형]
*la peinture : 그림.
*abstraite[abstrait] : 추상적인.

3.49. Je préfère...(난 ~을 선호해요.)

A : J'aime beaucoup la mer.(난 바다를 많이 좋아해.)

B : Moi, **je préfère** la montagne.(난 말이야, 산을 더 선호해.)

À noter

préférer(~선호하다)의 표현은 구어체에서 j'aime mieux(나는 훨씬 더 ~좋아해요)로도 쓸수 있다.

vocabulaire

*j'aime beaucoup<aimer : 사랑하다, 좋아하다[직설법 현재, 1인칭단수]

*la mer : 바다.

*moi : 나[인칭대명사, 강세형, 1인칭단수][주어 je의 강세형]

*la montagne : 산.

3.50. Je n'aime pas...(난 ~좋아하지 않아.)

A : Oh, c'est plein!(오, 꽉 찼네!)

B : Alors, on va dans un autre restaurant. **je n'aime pas** attendre.
(그러면, 우리 다른 음식점으로 가자, 난 기다리는 게 싫거든.)

À noter

aimer(좋아하다, 사랑하다)의 반의어는 détester(극도로 싫어하다)이다. <ne pas aimer+부정법>, 동사원형을 부정할땐 ne pas를 나열해서 표기한다.

vocabulaire

*plein : 가득한, 꽉찬.

*alors : 그래서.

*on va (à)<aller : ~가다 [직설법 현재, 3인칭단수][on=nous]

*un autre restaurant : 다른 음식점

*attendre : 기다리다[부정법]

4. 감정

Remercier : Répondre aux remerciments
(감사를 표하기 ; 감사에 대답하기)

4.1. Merci.(감사해요.)

A : c'est un bouquet pour vous.(이것은 당신을 위한 하나의 꽃다발이예요.)

B : oh, **merci,** vous êtes gentil.(감사해요, 당신은 친절한 분이세요.)

À noter

감사를 표현할 때 쓰는 관용적인 것이 merci!이고, 대단히 감사하다는 표현을 위해서는 Merci beaucoup!를 쓴다. 선물을 받았다거나 감사함을 표현하는 관용적 표현으로 vous êtes gentil(le).를 쓰는 것이 일반적이다. 인칭주어대신 c'est gentil로 행위의 상황을 받을수 있다. 프랑스인들은 얼굴로 하는 bise를 동반한 인사와 더불어 이 표현을 구사한다.

vocabulaire

*un bouquet : 꽃다발, 부케.

*pour : ~위해서.

*vous : 당신[인칭대명사, 강세형]

*gentil : 친절한.

4.2. Je vous remercie.(나는 당신에게 감사를 드립니다.)

A : J'ai trouvé un bon livre pour votre fils. voilà, c'est pour lui.(제가 당신의 아들을 위해서 좋은 책 하나를 찾았어요, 바로 여기 있어요, 그를 위한 거예요.)

B : oh, **je vous remercie** d'avoir pensé à Guillaume.(기욤을 생각해 주셔서 감사합니다.)

À noter

remercier(~감사하다)는 직접목적어를 취하는 동사로 je vous remercie는 격식어라면 Merci!는 비격식어구의 느낌을 갖는다. <je vous remercie de+명사, 부정법>으로 구사한다.

vocabulaire

*j'ai trouvé<trouver : ~발견하다.[직설법 복합과거, 1인칭단수활용]
*un livre : 책.
*bon : 좋은.
*pour : ~위해서.
*votre fils : 당신의 아들[소유형용사+남성명사]
*voilà : 여기 있어요, 상대에게 물건을 건넬 때 쓰는 관용어구
*lui : 그 [인칭대명사, 강세형, 3인칭단수]
*vous : 당신에게(을/를)[인칭대명사, 직접목적어, 2인칭복수]
*avoir pensé (à)<penser : (~생각하다)[부정법 과거 : 동사원형+p.p]

4.3. Je vous en prie(천만에요.)(1)

A : Merci beaucoup.(대단히 감사해요.)
B : Je vous en prie.(천만에요.)

À noter
위 표현을 tu의 인칭으로 구사하면 Je t'en prie로 쓸수 있다.

vocabulaire
*merci beaucoup (de...) : 대단히 감사해요(감사인사말)

4.4. De rien!(천만에요!)(2)

A : Merci de votre aide.(당신의 도움에 감사해요.)
B : De rien.(천만에요.)

À noter
Je vous en prie의 같은 표현으로 많이 구사한다.

vocabulaire
*merci (de...) : ~대하여, 이 표현에서 전치사 de를 의무적으로 쓴다.
*votre aide : f. 당신의 도움[소유형용사+여성명사]

S'excuser ; Répondre aux excuses.
(사과하기. 사과에 대답하기)

4.5. Excusez-moi!(미안합니다!)(1)

A : Aïe!(아야!!)
B : oh, **excusez-moi!**(오, 미안합니다!)

À noter

Excusez-moi!(미안합니다)는 vous의 존칭적 말하기라면 tu에서의 활용은 excuse-moi!(미안해!)로 구사한다. 같은 표현으로 pardon!도 있는데, 위 표현이 훨씬 의도성이 강한 상황의 말하기 표현이다.

vocabulaire

*Aïe : 아픔을 표현하는 "아야"라는 말[간투사]
*moi : 나 [인칭대명사, 강세형, 1인칭단수]

4.6. Je suis désolée.(유감스럽네요.)(2)

A : Ah bonjour, Cécile(안녕하세요, 쎄씰.)

B : Bonjour, **je suis** vraiment **désolée** d'être en retard.(안녕하세요, 제가 늦어서 정말로 유감입니다.)

À noter

je suis désolée(유감스럽네요.)의 표현은 미안함을 표현하며, 전적으로 당신의 마음이 되어 주지 못해서 미안하다는 뜻을 전달한다. 이 표현은 de라는 전치사를 매개로 원인을 밝히는 문장구조를 갖는다. [je suis vraiment désolée de...]

vocabulaire

*Bonjour : 안녕하세요[낮 동안의 인사말]

*vraiment : 정말로.

*être en retard : 지각하다[부정법]

4.7. Il n'y a pas de mal.(괜찮아요 / 나쁘진 않아요)(1)

A : Excusez-moi, je ne vous ai pas vu.(미안합니다만, 제가 당신을 못 봤어요.)

B : Il n'y a pas de mal.(괜찮아요.)

À noter

Il n'y a pas de mal은 je vous en prie의 또 다른 표현이다.

vocabulaire

*Excusez-moi : 실례지만, 미안하지만.

*Je ne vous ai pas vu<voir : ~보다[직설법 복합과거, 1인칭단수, 부정형]

*vous : 당신들은 [인칭대명사, 직접목적어, 2인칭복수]

4.8. Ce n'est pas grave.
(심각한건 아니예요 / 괜찮아요)(2)

A : Je suis désolé(e) de te déranger si tard.(너무 늦었는데 널 방해해서 미안해.)

B : Ce n'est pas grave.(괜찮아.)

À noter

Ce n'est pas grave는 미안함에 대한 가장 많이 사용하는 관용적 표현이다. 프랑스인들은 일반적으로 이 표현을 구사한다.

vocabulaire

*je suis désolé(e) (de...)<être désolé : (~대해)유감스러워 하다.

*te : 너를 [인칭대명사, 직접목적어, 2인칭단수]

*déranger : ~방해하다[부정법]

*si : 매우, 아주.

*tard : 늦게[시간부사]

Féliciter ; présenter ses condoléances.
(축하하기 ; 위로감을 표현하기)

4.9. Félicitation!(축하해요!)(1)

A : Je vais me marier avec Jean.(제가 장과 곧 결혼할 꺼예요.)
B : **Félicitation!** Tous mes voeux de bonheur!(축하해요! 행복하게 잘사세요!)

À noter

Félicitation(결혼, 출생, 승진, 경조사 등) 다양한 상황의 축하에 모두 쓸수 있는 가장 일반화된 축하의 표현이다.

vocabulaire

*je vais me marier(avec...)<se marier : (~와)결혼하다 [근접미래, 1인칭단수]
*tous mes voeux de : m.(~에 대한)나의 모든 기원들, 이 표현만으로도 신년인사등의 기원적 축하인사에 인용, 위 표현은 결혼식 축하에만 쓰는 표현.
*bonheur : m. 행복.

4.10. Bravo!(잘했어!)(2)

A : J'ai réussi à mon examen.(내가 시험에 합격했어.)

B : Bravo! c'est formidable!(잘했어! 굉장하다!)

À noter

Bravo!(잘했어, 좋아!)라는 의미의 감탄성 표현이다.

vocabulaire

*j'ai réussi (a...)<réussir : (~에)합격하다. ~성공하다[직설법 복합과거, 1인칭단수]

*mon examen : 나의 시험[소유형용사+남성명사]

*c'est formidable! : 굉장해! 놀랍군!.

4.11. Bon anniversaire!(생일 축하합니다!)

A : J'ai 33ans, aujourd'hui.(오늘 전 33세예요.)

B : Bon anniversaire!(생일 축하합니다!)

À noter

Bon anniversaire!의 같은 표현으로 joyeux anniversaire!를 쓸수 있다. 카톨릭 성인절이나 전통화된 축제일에는 Bonne fête!라고도 말할수 있다.

vocabulaire

*J'ai 33ans<avoir...ans : ~살의 나이를 가지다[직설법 현재, 1인칭단수]

*aujourd'hui : 오늘, 금일.

4.12. Bonne année! (좋은 한해 되세요 / 새해 복 많이 받으세요)

A : Bonne année!(좋은 한해 되세요.)

B : Bonne année à toi aussi!(너도, 좋은 한해 되길 바래!)

À noter

Bonne année!(새해 복 많이 받으세요, 좋은 한해 되세요), 프랑스인들은 12월 31일 밤에 [La Saint-Sylvestre]라고 해서 한해를 보내며 새해 첫날이 되면 서로에게 인사를 건넨다. 그럴때 쓰는 표현이 이 인사말에 해당한다. 프랑스인들의 인사말에는 Bon(ne)이라는 표현이 먼저 쓰여지고, 좀더 상승된 인사말로 Joyeux(즐거운)라는 표현을 대신 쓰기도 한다. Joyeux Noël!(즐거운 성탄절되세요!)는 늘 Joyeux와 함께 써야 성탄을 축하하는 표현이 된다.

vocabulaire

*à toi aussi : 너에게도 또한[전치사+강세형 인칭대명사+독립부사]

4.13. Mes Condoléances.
(나의 모든 위로의 말을 전합니다.)

A : Ma belle-mère est décédée.(제 시어머니가 돌아가셨어요.)

B : Je vous présente **mes condoléances**(제가 당신에게 조의를 표해야 겠네요.)

À noter

위 표현은 (toutes) mes condoléances로도 구사한다. 상대의 사망소식을 전할 때 조의를 표하는 관용적 표현으로 부정형용사 (toutes)는 생략하기도 한다.

vocabulaire

*ma belle-mère : 장모, 시어머니.

*est décédée<décéder : 사망하다[직설법 복합과거, 3인칭 단수]

*Je <vous> présente<présenter : 표명하다, 나타내다[직설법 현재, 1인칭단수]

*vous : 당신에게 [인칭대명사, 간접목적어, 2인칭복수]

4.14. J'ai de la peine pour... (~에게 있어서 슬픔(비애)를 갖고 있어요.)

A : Tu sais que Jérôme a perdu son père?(제롬이 그의 아버지를 잃었다는 거 너 아니?)

B : oui, **j'ai de la peine pour** lui.(응, 그를 생각하면 마음이 아퍼.)

À noter

J'ai de la peine (pour...)(~에 대해서 비애를 가지다, 슬픔을 가지다.)

vocabulaire

*tu sais que<savoir : (~를) 알다,(지식습득)[직설법 현재, 2인칭 단수]

*Jérôme a perdu<perdre : ~를 잃다(사람: 사망하다)[직설법 복합과거, 3인칭단수]

*son père : 그의 아버지[남성소유형용사+남성명사(3인칭)]

*pour : ~에게 있어서.

*lui : 그 [인칭대명사, 강세형, 3인칭단수]

Exprimer sa joie, son enthousiasme.
(기쁨, 열광을 표현하기)

4.15. Je suis content(e)(난 기뻐.)

A : Je suis contente de te voir.(너를 보게 되어 기뻐.)
B : Moi aussi.(나도 또한 그래.)

À noter

content(만족스러운)이라는 형용사는 être와 함께 쓰여 상태를 묘사한다. de라는 전치사를 매개로 하여 뒤에 <de+inf:동사원형>을 오게 한다. Je suis content de partir en France.(프랑스로 떠나게 되어 난 만족해)의 문장으로 쓰기도 하고, <que+절>로도 쓰기도 하는데, Je suis content que tu viennes.(난 네가 온 것에 대해 만족해)라는 식의 주관화 감정표현의 접속법 구사가 일반화된다.

vocabulaire

*te : 너를 [인칭대명사, 직접목적어, 2인칭단수]
*voir : ~보다[부정법]
*moi aussi : 나도 또한[강세형 인칭대명사+독립부사]

4.16. Je suis heureux(se)(난 ~해서 행복해요.)

A : Nous sommes heuruex que vous soyez rétabli.(우리는 당신이 회복되어 행복해요.)

B : Merci, c'est gentil.(감사해요, 친절하기도 해라.)

À noter

heureux(se)(행복한)의 표현은 je suis content의 같은 표현이다.

vocabulaire

*vous soyez rétabli<être rétabli : 회복시키다[접속법 현재, 2인칭복수]

*c'est gentil : 친절해라.[감사함의 표현]

4.17. Ça me fait plaisir.(이것이 날 기쁘게 해.)

A : Tiens, c'est une lettre de Paul.(자, 뽈로 부터온 편지야.)

B : Oh, **ça me fait plaisir d'avoir** de ses nouvelles.(오, 그의 소식들은 갖게 되어 기뻐.)

À noter

faire plaisir(기쁘게 하다)를 의미하며, je suis content(만족스러워요)라는 어감을 포함한다.

vocabulaire

*Tiens<tenir : ~지니다, 쥐다, 잡다, 상대에게 물건을 건넬때 [자], [여기요]라는 의미 [명령형, 2인칭단수]

*une lettre : 한통의 편지.

*avoir : ~가지다[부정법]

*de ses nouvelles : f.소식.

4.18. Je suis ravi(e)(전 너무나 기뻐요.)

A : Nous sommes ravis d'avoir fait votre connaissance.(당신과 아는 사이가 되어서 우리는 너무 기뻐요.)

B : Nous aussi.(우리도 또한 그래요.)

À noter

ravi(e)(황홀한, 뛸듯이 기쁜)도 content의 의미로 표현한다.

vocabulaire

*avoir fait votre connaissance<faire : 아는 사이가 되다, 교제하다[부정법 과거 : 동사원형+p.p]

*Nous aussi : 우리 또한[강세형 인칭대명사+부사]

4.19. C'est formidable!(굉장한 일이군요!)

A : Richard a eu une petite fille.(리차드가 손녀딸을 갖게 됐어.)
B : c'est formidable!(굉장한 일이예요!)

À noter

c'est formidable! 놀라움이나 감탄의 표현에 나가는 상당히 구어화된 표현이다.

vocabulaire

*Richard a eu<avoir : ~을 얻다, ~가지다[직설법 복합과거, 3인칭단수]

*une petite fille : f.손녀.

4.20. C'est parfait!(완벽해!)

A : J'apporterai une tarte pour le dessert.(후식으로 파이를 가져갈꺼야.)

B : **c'est parfait!**(완벽해!)

À noter

c'est parfait!(완벽해) 문제 됨이 없이, 좋다고 평가할 때 쓰는 말이다.

vocabulaire

*j'apporterai<apporter : 가져가다[직설법 단순미래, 1인칭단수]

*une tarte : 파이.

*pour : ~위해서.

*le dessert : 후식.

Exprimer sa tristesse, sa compassion
(비애, 동감표현하기)

4.21. Je suis triste.(전 슬퍼요.)

A : Je vais rentrer en France demain.(프랑스로 내일 되돌아 갈꺼예요.)

B : c'est vrai? **je suis triste** que tu partes.(사실이예요? 네가 떠나는 것이 내겐 슬퍼!)

À noter

Je suis triste라는 표현의 의미상 반대되는 표현이 je suis content이라는 것이다.

vocabulaire

*je vais rentrer<rentrer : 귀가하다[근접미래, 1인칭단수]

*en France : f.프랑스에서[여성국가명에 en]

*demain : 내일.

*c'est vrai? : 사실의.

*tu partes<partir : 출발하다. 떠나다[접속법 현재, 2인칭단수]

4.22. Mon dieu!(맙소사!)

A : Robert s'est cassé le bras, dimanche.(로베르의 팔이 일요일날 부러졌어.)

B : oh, **mon dieu!** comment va-t-il?(오, 맙소사! 그가 어떻게 지내죠?)

À noter

Dieu(신, 하느님)을 의미하는 단어로 Mon dieu![소유형용사+명사]는 안타까움과 탄식조의 어감에서 사용한다.

vocabulaire

*Robert s'est cassé<se casser : 부러지다[직설법복합과거, 3인칭단수]

*le bras : 팔.

*comment va-t-il?<aller : 어떻게 지내세요?(원기, 안부)[직설법현재, 3인칭단수, 도치의문형]

4.23. Mon pauvre!(가엾어라!)

A : Regarde! je suis tout mouillé!(봐! 내가 완전히 젖었어!)
B : Mon pauvre Patrice!(불쌍한 빠트리스!)

À noter

mon pauvre, ma pauvre, mes pauvres(불쌍한 이, 가엾은 이)라는 형태로 소유형용사를 인칭의 성, 수에 맞춰 바꾸어 구사할수 있다.

vocabulaire

*regarde!<regarder : ~바라보다[명령형, 2인칭단수]
*tout : 완전히[부사]
*mouillé : 젖은.

4.24. Pas de chance!(운이 없군!)

A : On m'a volé mon sac.(누군가가 내게서 내 가방을 훔쳐갔어.)

B : Ma pauvre! Tu n'as **pas de chance!**(가엾어라! 네가 운이 없었어!)

À noter

Tu n'as pas de chance!는 Pas de chance!로 축약해서 쓸수 있다.

vocabulaire

*On <m>'a volé : 도둑맞다, 도난[직설법 복합과거, 3인칭단수]

*m'(me) : 나에게서[인칭대명사, 간접목적어, 1인칭단수]

*mon sac : 나의 가방.

*ma pauvre : 불쌍한 이, 가엾어라!.

Exprimer ses craintes(걱정, 근심을 표현하기)

4.25. J'ai peur de...(...할까봐 두려워요.)

A : Tu ne prends pas de dessert?(너 후식 안 먹니?)
B : Non, **j'ai peur de** grossir.(응, 살찔까봐 겁나.)

À noter

<j'ai peur de+부정법>의 문장형태나 <j'ai peur que+접속법>의 구사가 가능하며, j'ai peur qu'il ne vienne pas(그가 오지 못할까봐 두려워.)라는 식의 문장을 만들 수 있다.

vocabulaire

*tu ne prends pas<prendre : 먹다.[직설법 현재, 2인칭단수, 부정형]

*de dessert : m.후식 [prendre가 타동사이므로, un의 부정관사가 부정의 de로 교체됨]

*grossir : 살찌다[부정법]

4.26. Je crains que...(...할까봐 전 두려워요.)

A : Oh là là! Quel embouteillage!(어머나, 저런, 웬 교통체증이 이랬담!)

B : Je crains qu'on n'arrive en retard.(우리가 좀 늦을까봐 겁나.)

À noter

je crains<craindre(~두려워하다, 겁내하다)와 같은 표현으로 j'ai peur를 쓸수 있다.

vocabulaire

*Oh là là! : 어머나, 아이고, 저런(당황스러움의 간투사)

*Quel embouteillage! : 교통체증, 붐빔의 감탄성 표현[감탄사+명사! : 감탄문]

*on n'arrive<arriver : 도착하다[직설법 현재, 3인칭단수]

*n'(ne) : [허사의 ne]부정문의 의미는 전혀없음, 형식적 표기어.

*en retard : 늦게.

4.27. Qu'est-ce que je vais faire? (내가 뭘 해야 할까?)

A : **Qu'est-ce que je vais faire** sans l'aide de Roger?(로제의 도움없이 뭘해야 할까?)

B : Ne t'en fais pas. je t'aiderai.(걱정하지마. 내가 널 도울꺼야.)

À noter

방법적 도움을 상대에게 구할 때 쓰는 표현이다.

vocabulaire

*qu'est-ce que : 무엇을, 어찌.

*je vais faire<faire : ~하다[근접미래, 1인칭단수]

*sans : ~없이.

*l'aide : f.도움.

*Ne t'en fais pas.<s'en faire : 걱정하다[명령형, 2인칭단수, 부정형]

*je t'aiderai<aider : 도와주다, 돕다 [직설법 단순미래, 1인칭단수]

*t'(te) : 너를 [인칭대명사, 직접목적어, 2인칭단수]

4.28. Comment je vais faire? (내가 어떻게 해야 할까?)

A : Catastrophe! j'ai oublié mon carnet d'adresse.(재앙이야! 내 주소록을 잃어버렸어.)
comment je vais faire pour joindre Aline?(알린과 만날려면 어떻게 해야 할까?)

B : Attends! je vais voir si j'ai son numéro de téléphone.(기다려! 내가 전화번호를 갖고 있는지 아닌지 알아볼게.)

À noter

Qu'est-ce que je vais faire?라는 표현과 comment je vais faire?라는 것은 일맥상통한다.

vocabulaire

*Catastrophe! : f.재앙, 급변[c'est une catastrophe! : 단문구조]
*j'ai oublié<oublier : 상실하다, 잃어버리다[직설법 복합과거, 1인칭단수]
*mon carnet d'adresse : 주소목록.
*joindre : 합류하다. 참여하다[부정법]
*Attends!<attendre : 기다리다[명령형, 2인칭단수]
*je vais voir<voir : ~보다[근접미래, 1인칭단수]
*si : ~인지 아닌지.
*j'ai<avoir : ~가지다[직설법 현재, 1인칭단수]
*son numéro de téléphone : 그의 전화번호.

Exprimer des regrets, de la déception
(후회, 실망을 표현하기)

4.29. Malheureusement...(불행하게도; 안타깝게도...)

A : Vous êtes monté à la tour Eiffel?(당신이 에펠탑에 올라갔어요?)

B : **Malheureusement** non. il y a trop de monde.(불행히도 아니예요, 지나치게 사람들이 많이 있었어요.)

À noter

c'est malheureusement impossible(안타깝게도 불가능해요)나 Je n'ai malheureusement pas eu le temps(불행하게도 시간이 없었어요)라는 문장처럼 독립부사로 동사 뒤에 놓을수 있다. 이 부사의 특징은 부정문형이나 impossible와 같은 부정적 뉘앙스의 단어와 함께 어울릴수 있다.

vocabulaire

*Vous êtes monté (à...)<monter : ~올라갔다 [직설법 복합과거, 2인칭단수]

*la tour Eiffel : 에펠탑.

*il y avait : il y a의 직설법 반과거.

*trop de : 지나치게, 매우.

*monde : 사람들[표기는 남성단수]

4.30. Je regrette.(...해서 유감이야.)

A : Tu ne peux pas venir à la soirée chez Martine?(네가 마흐띤느 집으로 파티에 올수 없니?)

B : Non, **je regrette** vraiment mais je ne peux pas venir.(응, 정말로 유감이지만, 내가 갈수 없어.)

À noter

<je regrette de+inf(부정법)> <que+접속법>의 문장구문 구사가 가능하다. regretter는 (유감스러워하다. 후회하다)의 표현의 의미가 있다.

vocabulaire

*tu ne peux pas<pouvoir : ~할수 있다.[직설법 현재, 2인칭단수, 부정형]

*venir à : ~에 오다[부정법]

*la soirée : 저녁만찬, 파티.

*chez Martine : 마흐띤느의 집.

*vraiment : 정말로, 매우.

*mais : 그러나.

*je ne peux pas<pouvoir : ~할수 있다[직설법 현재, 1인칭단수, 부정형]

4.31. C'est dommage que...(...하는 것은 유감이야.)

A : Je dois rentrer.(내가 돌아가야해.)

B : Vraiment? **c'est dommage que** tu ne restes pas plus lontemps.(정말? 네가 더 오래 머물지 못하는 것이 유감이야.)

À noter

dommage(유감스러운)<de+부정법>,<que+접속법>의 문장구사가 가능하며, c'est dommage de ne pas voir ce film.(이 영화를 보지 못한 것에 대해 유감스럽게 생각해.)등의 표현구사가 가능하며, 단문으로 c'est dommage!로 인칭주어로는 구사가 불가능하다. c'est의 비인칭 주어만 가능하다.

vocabulaire

*je dois<devoir : ~해야 한다, ~임에 틀림없다[직설법 현재, 1인칭단수]

*rentrer : 귀가하다 [부정법]

*vraiment : 정말로.

*tu ne restes pas<rester : 머무르다, 유지하다[직설법 현재, 2인칭단수, 부정형]

*plus lontemps : 더 오래(오랜동안)[비교부사+시간부사]

4.32. Je suis déçu(e)(난 실망했어)

A : Alors, ce film, c'était bien?(그런데 이 영화가 좋았었어?)
B : pas du tout. **je suis déçu(e).**(전혀, 실망했어.)

À noter

être déçu(e)라는 표현에 사용된 동사는 décevoir라는 동사이며, 이것의 분사는 déçu(e)이다.

vocabulaire

*alors : 그래서.
*ce film : 이 영화.
*c'était : ~였다[c'est의 직설법 반과거]
*bien : 잘, 좋게[부사]
*pas du tout : 전혀[부정부사]

4.33. Tu aurais mieux fait de... (...하는것이 더 나을텐데)

A : Oh là là, cette salade de riz n'est pas bonne!(어머나, 이 쌀샐러드가 맛이 없네!)

B : Tu aurais mieux fait de prendre une salade niçoise.(니스식 샐러드를 먹는것이 더 나을텐데.)

À noter

J'aurais mieux fait de [조건법 현재 avoir+p.p : 조건법 과거]의 표현으로 일반적으로 조건법 과거는 후회나 미련도의 어감전달에 쓰이는 것이 일반적이다.

vocabulaire

*Oh là là : 어머나, 저런.
*cette salade : 이 샐러드[지시형용사 여성형+명사]
*riz : m.쌀.
*bonne : 좋은.
*prendre : 먹다[부정법]
*une salade niçoise : 니스식 샐러드.

4.34. J'aurais dû...(내가 ~해야만 했는데...)

A : Vous avez froid?(당신 추우세요?)

B : oui, **j'aurais dû** prendre un pull.(예, 스웨터를 입었어야 했는데.)

À noter

devoir<+부정법>의 동사구문으로 2인칭단수활용은 tu aurais dû...(네가 ~해야만 했는데)의 문형으로 가능하다.

vocabulaire

*vous avez froid<avoir froid : 춥다[직설법 현재, 2인칭복수]

*prendre : ~입다, 취하다[부정법]

*un pull : 스웨터.

Exprimer sa surprise, son étonnement
(갑작스러움과 놀라움 표현하기)

4.35. Tiens!(저런!)

A : **Tiens!** il y a pas de couteau.(어머나! 나이프가 없네.)

B : Excuse-moi, je vais en chercher un.(괜찮으면, 내가 그걸 하나 찾아볼게.)

À noter

Tiens! 쥐다, 잡다의 동사 2인칭단수 명령형의 형태로 상대에게 물건을 건넬때 [자아!][여기요!]라는 의미로도 쓰고, 인사말어감에 쓰게 되면 [어머나!] 우연한 상황이나 놀라움의 간투사로 쓴다.

vocabulaire

*de couteau : m.칼, 나이프[avoir의 타동사의 부정형에서 un은 부정의 de로 씀]

*Excuse-moi<excuser : 사과하다, 미안해하다, 실례하다

*je vais<aller : ~가다[직설법 현재, 1인칭단수]

*en...(un) : 그것을 [중성대명사]

*chercher[aller chercher] : ~찾다, ~찾으러 가다.

4.36. Comment!(뭐라구요!)

A : **Comment!** vous êtes déjà rentrés?(뭐라구요! 당신이 이미 귀가 했다구요?)

B : Oui, le musée était fermé.(네, 박물관이 닫혀 있었어요.)

À noter

상대방의 말을 잘못 알아들었거나, 놀라움을 표현할 때 동시에 쓸수있다.

vocabulaire

*vous êtes rentrés<rentrer : 귀가하다[직설법 복합과거, 2인칭복수]
*déjà : 이미, 벌써.
*le musée : 미술관, 박물관.
*était<être : ~였다(~이다)[직설법 반과거, 3인칭단수]
*fermé : 닫혀져 있는[과거분사]

4.37. Ça m'étonne.(뜻밖이야, 놀랍다!)

A : (Dring Dring) Michel ne répond pas.(미쉘이 전화 안 받는데.)

B : **ça m'étonne** qu'il ne soit pas là. il a dit de l'appeler à sept heures.(그가 집에 없다는게 뜻밖이야, 그가 7시에 그에게 전화한다고 말했었거든.)

À noter

<ça m'étonne que+접속법> étonner(~를 놀랍게 하다)는 동사는 감정표현의 동사이므로 종속절을 이끌때는 주관적 감정표현의 <qu'il ne soit pas là> 접속법을 쓴다.

vocabulaire

*Michel ne répond pas<répondre : 대답하다, 전화받다[직설법 현재, 3인칭단수, 부정형]

*il a dit (de...)<dire : ~말하다[직설법 복합과거, 3인칭단수]

*l'(le) : 그에게(그를)[인칭대명사, 직접목적어, 3인칭단수]

*appeler : 전화를 하다[부정법]

* à sept heures : 7시에.

4.38. Je suis surpris(e)(난 놀라고 있어.)

A : Regarde! ce sont des chinois?(저길 봐! 이사람들이 중국인들이니?)

B : Oui, **je suis surprise** de voir tant de touristes dans ce petit village.(응, 이작은 마을에서 그토록 많은 중국인 관광객들을 보게 되다니 놀라워.)

À noter

surpris는 surprendre동사의 분사로 성, 수일치를 할수 있다. <être surpris(e) de +inf>(~이하로 놀라게 되다)로 구사할수 있다.

vocabulaire

*Regarde!<regarder : ~보다[명령형, 2인칭단수]

*des chinois : m. 중국인들.

*voir : 보다[부정법]

*tant de : 그토록 많이.

*touristes chinois : m. 중국인 관광객들.

*dans : ~안에[전치사]

*ce petit village : 이 작은 마을에서[지시형용사 남성형+품질형용사+남성명사]

4.39. Ce n'est pas possible!(말도 안돼!)

A : Ce n'est pas possible! Tu as mangé tous les biscuits?(말도 안돼! 너가 이 비스켙을 몽땅 먹었다구?)

B : Euh..., c'est que j'avais très faim.(어..., 내가 지나치게 배가 고팠었거든.)

À noter

possible(가능한)의 의미상의 반대어에는 pas possible!(불가능해, 말도 안돼!)의 단문형 으로도 쓸수 있다.

vocabulaire

*Tu as mangé<manger : ~먹다
*tous les biscuits : m.모든 비스켙 [부정형용사(tous)+관사+명사]
*c'est que : 이것은 ~이다.
*j'avais faim : 배가 고프다[직설법 반과거, 1인칭단수]
*très : 아주, 매우.

4.40. *Ce n'est pas vrai.*(사실이 아니야)

A : Écoute, j'ai mis trois heures pour faire cet exercice.(내 말 좀 들어봐, 이 연습을 하는데 3시간이나 걸렸어.)

B : Ce n'est pas vrai!(말도 안돼, 사실이 아니야!)

À noter

vrai[진실된, 참된]의 의미로 진위를 밝힐때 쓰거나, 부정형에서는 놀라움의 표현을 나타낼수 있다.

vocabulaire

*Écoute!<écouter : (귀기울여)듣다[명령형, 2인칭단수]

*j'ai mis<mettre : 놓다, 두다, 시간이 걸리다[주관적 판단]

*trois heures : 3시간.

*faire : ~하다[부정법]

*cet exercice : 이 연습문제.

Exprimer de l'admiration(감탄표현하기)

4.41. C'est magnifique!(굉장히 멋져!)

A : Ça y est! l'équipe de France a gagné.(드디어 됐어! 프랑스 팀이 이겼어!)

B : Bravo, **c'est magnifique!**(좋아, 굉장해!)

À noter

c'est formidable!로도 표현할수 있다.

vocabulaire

*Ça y est! : 잘 됐어, 드디어![행위의 완료]

*l'équipe : f.팀.

*a gagné<gagner : 승리하다, 이기다[직설법 복합과거, 3인칭단수]

*Bravo : 좋아.

4.42. Qu'est-ce que c'est....!(얼마나 ~한가!)

A : Alors, Ça vous plaît, la Bretagne?(그러면, 브르따뉴 지방이 당신에게 맘에 드세요?)

B : oh, oui, **qu'est-ce que c'est** beau, la Bretagne ....!(오, 예, 브르따뉴 지방이 얼마나 아름다운지!)

À noter

qu'est-ce que를 단문 처리하여 감탄문을 만들때 Que로 쓸수 있다. Que c'est beau!(얼마나 아름다운가!)로도 구사한다.

vocabulaire

*alors : 그래서.

*Ça vous plaît<plaire : 마음에 들다[직설법 현재, 3인칭단수]

*vous : 당신에게 [인칭대명사, 간접목적어, 2인칭단수]

*la Bretagne : 프랑스 북서쪽의 지방으로 중세적 색채를 많이 지닌 지역.

*beau : 아름다운.

4.43. J'admire...(난.....를 감탄해요!)

A : Vous vous rendez compte? Monsieur Simon a commencé à étudier le chinois, à 70ans!(당신알고 계세요? 시몬씨가 70세에 중국어 공부를 시작했다는거!)

B : chapeau! **j'admire** son courage.(감탄 이예요! 그의 용기에 놀라고 있어요.)

À noter

admirer(감탄하다, 찬양하다)의 의미를 지닌다.

vocabulaire

*vous vous rendez compte?<se rendre compte : 고려하다, 참착하다[직설법 현재, 2인칭복수]

*Monsieur Simon a commencé<commencer : (~을)시작하다[직설법 복합과거, 3인칭단수]

*étudier : 공부(학습)하다[부정법]

*le chinois : 중국어.

*à 70ans! : 70세.

*chapeau! : 감탄하다(존경의 표시로써 감탄성 표현)

*son courage : 그의 용기[소유형용사 3인칭남성+남성명사]

Encourager(격려하기, 장려하기)

4.44. Vas-y!(자! 어서!)

A : Voilà les coureurs!(저기에 달리기 선수들이야!)
B : **Vas-y,** Pierre! vas-y!(자, 삐에르, 어서가자!)

À noter

Vas-y(<aller) Allez-y! 앞선 표현은 tu에서의 친근도 표현이며, 뒤 표현은 vous에서의 활용인데, 행위를 재촉할때 (어서...)의 부추김의 어감으로 쓰이기도 한다.

vocabulaire

*Voilà : 저기에 ~가 있다[유도 부사]
*les coureurs : m.달리기 선수들.

4.45. Courage!(힘을 내 ; 용기를 내!)

A : c'est trop raide. je n'arriverai pas à descendre.(지나치게 평평해, 내려가는 것이 힘드네.)

B : Mais si! Allez, **un peu de courage.**(그럴 리가 없어, 자, 조금만 힘내.)

À noter

Courage! un peu de courage!(힘을 내, 용기를 내!)의 표현으로 courage(용기)라는 단어가 추상적의미의 단어이므로, 부분관사 대신에 양적부사를 쓸수 있다. Bon courage!도 격려조의 인사말로, 시험, 직업상의 계획등의 상황에 치하의 억양으로 표현할수 있다.

vocabulaire

*trop : 지나치게, 매우.

*raide : 평평한, 뻣뻣한.

*je n'arriverai pas (à)<arriver : 도착하다[직설법 단순미래, 1인칭단수, 부정형]

*descendre : 내려가다[부정형]

*mais : 강한긍정의 표현[si의 강조]

*si : 아니오[부정의문문의 긍정적 대답]

*Allez! : 자아, 어서![간투사: 재촉, 격려]

*un peu de : 약간의, 조금의.

*courage! : m.용기.

4.46. N'aie pas peur!(겁내지 마!)

A : Ça bouge! je vais tomber!(이게 흔들려! 넘어지겠어!)

B : **N'aie pas peur!** je tiens bien l'échelle.(겁내지마! 내가 사다리를 꽉 잡을게.)

À noter

avoir peur(두려워하다, 겁내다)의 부정명령문은 N'aie pas peur 이며, avoir동사의 2인칭단수활용의 명령형은 aie이다.

vocabulaire

*Ça bouge!<bouger : 움직이다[직설법 현재, 3인칭단수]

*je vais tomber!<tomber : 떨어지다, 넘어지다[근접미래, 1인칭단수]

*je tiens<tenir : 쥐다, 잡다[직설법 현재, 1인칭단수]

*bien : 잘, 좋게[부사]

*l'échelle : f.사다리.

4.47. Ne vous inquiétez pas!(걱정하지 마세요!)

A : Vous croyez que j'aurai assez de temps pour changer de train?(당신은 제가 기차를 갈아타는데 충분한 시간을 갖게 될거라 생각하세요?)

B : **Ne vous inquiétez pas.** votre correspondance pour Marseille partira sur le même quai, sur la voie3. (걱정하지 마세요, 마르세유행 당신의 환승역은 3번철로 같은 플랫폼에서 떠나게 될 꺼예요.)

À noter

s'inquiéter(근심하다, 초조, 불안해하다)라는 동사의 vous(2인칭 복수)에서의 부정명령문활용이며, Ne vous en faites pas!의 같은 표현이다. 이것은 s'en faire라는 동사에서 온 것이다.

vocabulaire

*vous croyez(que...)<croire : ~생각하다[직설법 현재, 2인칭복수]
*j'aurai<avoir : ~가지다[직설법 단순미래, 1인칭단수]
*assez de : 충분히, 상당히, 꽤나.
*temps : m.시간.
*changer(de...) : ~갈아타다[부정법]
*train : 기차.
*votre correspondance : 환승역(갈아타는 곳)[소유형용사+여성명사]
*partira<partir : 출발하다, 떠나다[직설법 단순미래, 3인칭단수]
*sur : ~위.
*le même quai : 같은 플랫폼.
*la voie : 선로.

5. Au téléphone(전화상에서)

5.1. Allô?(여보세요?)

A : Allô, Loïc? c'est Marie.(여보세요, 로익? 나 마리야.)
B : Ah! Salut, Marie!(아, 안녕, 마리!)

À noter

Allô?(여보세요?)라는 표현은 전화선상에 누군가가 있다는 것을 확인할 때 쓰는 관용어 표현이다.

vocabulaire

*salut! : 안녕! (친한 친구끼리 만났을 때와 헤어질 때 하는 표현)

5.2. (Il) est là?(그가 집에 있나요?)

A : Jean-pierre **est là?**(쟝 삐에르가 있니?)

B : oui, attends! je te le passe.(응, 잠깐 기다려! 내가 너에게 그를 바꿔줄게.)

À noter

être là(~장소에 있다, 집에 머무르다)의 의미로 전화용어에서 là는 막연한 장소의 의미로 자택을 의미하는 경향이 짙다.

vocabulaire

*Attends!<attendre : 기다리다[명령형, 2인칭단수]

*Je <te><le> passe<passer : 바꿔주다(통화시)[직설법 현재, 1인칭단수]

*te : 너에게 [인칭대명사, 간접목적어, 2인칭단수]

*le : 그를 [인칭대명사, 간접목적어, 3인칭단수]

5.3. Je voudrais parler à...
(전 ~와 통화하고 싶습니다.)

A : Allô? c'est Patrice Germain. **je voudrais parler à** Madame Perrier.(여보세요? 전 빠트리스 제르멩인데요. 뻬리에 부인과 통화하고 싶습니다.)

B : Oui, ne quittez pas.(네, 전화 끊지 마세요.)

À noter

전화의 일상표현에서는 je voudrais(vouloir: '~원하다'의 조건법 현재)로 쓰는것이 je veux(직설법 현재)표현보다 일반적이다. 마찬가지로 상대를 배려한 공손어구표현이다.

vocabulaire

*Je voudrais<vouloir : ~원하다[조건법 현재, 1인칭단수]

*parler à... : (~와) 통화하다.

*Ne quittez pas<quitter : 전화 끊지 마세요[명령형, 2인칭복수, 부정형]

5.4. C'est de la part de qui? (누구라고 전해드릴까요?)

A : Allô? Je voudrais parler à Monsieur Lee .(여보세요? 이선생님과 통화하고 싶습니다.)

B : oui, **c'est de la part de qui?**(네, 누구라고 전해드릴까요?)

À noter

위 표현의 비슷한 어감의 것으로 Qui est à l'appareil?(전화하시는 분이 누구시죠?)로도 구사한다.

vocabulaire

*de la part de ... : ~의 부분으로부터, ~의 몫.
*qui... : 누군가(누구)[사람을 묻는 의문대명사]

5.5. Je rappellerai plus tard.
(제가 나중에 전화 다시걸께요.)

A : Madame Collet n'est pas là, ce matin.(꼴레부인이 오늘 아침 집에 안계시네요.)

B : Bon, **je rappellerai plus tard.**(자, 그러면 나중에 다시 전화 걸께요.)

À noter

je rappellerai는 rappeler동사의 단순미래시제이다. 같은 표현으로 je téléphonerai.로도 나타낸다.

vocabulaire

*ce matin : 오늘 아침[지시형용사 남성+남성명사]

*je rappellerai<rappeler : 전화를 다시걸다[직설법 단순미래, 1인칭단수]

*plus tard : 나중에, 후에.

5.6. Je peux lui laisser un message? (제가 그에게 메시지를 남겨도 될까요?)

A : Monsieur Vignon est en réunion.(뷔뇽씨가 회의 중입니다.)

B : Alors, **je peux lui laisser un message?** (그러면, 제가 그에게 메시지를 남겨도 될까요?)

À noter

Je peux...?(제가 ~할수 있을까요, ~해도 될까요?), pouvoir동사는 가능성과 상대로부터 (허락)을 구할 때 쓰는 표현이다.

vocabulaire

*M.Vignon est en réunion<être en réunion : ~가 회의 중이다 [직설법 현재, 3인칭단수]

*je peux<pouvoir : ~할수 있다[직설법 현재, 1인칭단수]

*lui : 그에게 [인칭대명사, 간접목적어, 3인칭단수]

*laisser : ~남기다[부정법]

*un message : 메시지, 전언.

5.7. Voulez-vous rappeler votre nom?
(당신이 당신의 성함을 다시한번 불러주시겠어요?)

A : **Voulez-vous rappeler votre nom,** s'il vous plaît?(당신의 성함을 다시 불러주시겠어요?)

B : Oui, je m'appelle Elisa, Elisa HABERER.(네, 제 이름이 엘리사, 엘리사 아베레예요.)

À noter

rappeler라는 동사는 (~다시 부르다)를 의미하기도 하고, 전화상의 용어로는 (전화를 다시 걸다)라는 의미로 쓰인다. 이표현은 pouvez-vous épeler(votre nom)?(당신 성함의 철자 하나하나를 불러주실수 있으세요?)로도 쓸수 있다.

vocabulaire

*voulez-vous...?<vouloir : ~원하다[직설법 현재, 2인칭복수, 도치의문형]

*votre nom : m.당신의 성함[소유형용사 2인칭복수+남성명사]

*s'il vous plaît : 부탁드립니다 [공손어구]

*je m'appelle...<s'appeler : (성함 / 이름) ~이다.[직설법 현재, 1인칭단수]

5.8. Vous vous êtes trompé de numéro. (당신이 전화번호를 잘못 아셨어요.)

A : Allo? c'est Martin?(여보세요? 마흐뗑이니?)

B : Non, monsieur. **vous vous êtes trompé de numéro.**(아니요, 선생님. 당신이 전화번호 잘못 아셨어요.)

À noter

se tromper de(~를 잘못알다, 착각하다)의 표현은 이 전화표현에선 항상 복합과거로 구사된다. 결과적 논리를 끌어오는 것이기 때문에 시제는 한정한다. vous vous appelez quel numéro?(당신이 어떤 번호로 전화를 걸고 싶으신 건가요?)의 또 다른 뉘앙스로 상대방에게 잘못된 인지를 전달할수 있다.

vocabulaire

*numéro : m.번호.

6. Énoncer une obligation
(의무감을 진술하기)

6.1. Je dois...(난 ~해야만 해.)

A : Tu viens au cinéma avec nous?(너 우리랑 영화관 갈래?)

B : Non, **je dois** préparer mon exposé d'histoire.(아니, 난 내 역사수업 발표준비를 해야해.)

À noter

devoir(~해야 한다. ~임에 틀림없다)라는 동사는 준조동사로 뒤에 반드시 동사를 쓰게 된다. 의무감 표현에 가장 많이 쓰는 표현이기도 하다.

vocabulaire

*tu viens(à...)<venir : ~에 오다[직설법 현재, 2인칭단수]

*le cinéma : 영화관.

*avec : ~과 함께.

*nous : 우리들[인칭대명사, 강세형, 1인칭복수]

*préparer : ~준비하다[부정법]

*mon exposé : 나의 발표(연구)

*d'histoire : f.역사의.

6.2. Il faut que...(~해야만 해요.)

A : Tu n'as pas un peu grossi?(너 약간 살찌지 않았니?)

B : Si, **il faut que** je fassse un régime.(아니, 내가 다이어트를 해야 해.)

À noter

Il faut(~해야 한다, ~필요하다)는 비인칭동사 falloir는 이 동사 뒤 명사나 <il faut que+부정법>,<il faut que+접속법>의 문장구조를 취할수 있다.

vocabulaire

*tu n'as pas grossi<grossir : 살찌다[직설법 복합과거, 2인칭단수, 부정형 / maigrir(야위다, 마르다)]

*un peu : 약간의, 조금의.

*si : 부정의문문에 대한 oui(긍정적 대답)

*je fasse<faire : ~하다 [접속법 현재, 1인칭단수]

*un régime : 다이어트(식이요법)

6.3. Je suis obligé(e) de...(난 ~하지 않을 수 없어.)

A : Qu'est-ce que tu fais, ce week-end?(이번 주말에 너 뭐 하니?)

B : Mon fils est malade. **je suis obligé(e) de** rester chez moi. (내 아들이 아파, 내가 집에 있어야만 해.)

À noter

obliger(강요하다)라는 동사는 항상 수동적 어감의 동사로 구사한다. être를 조동사로 취하고 de를 의무적으로 취한다.(~이 불가피하다, ~하지 않을수 없다)

vocabulaire

*Qu'est-ce que : 무엇을.
*tu fais<faire : ~하다[직설법 현재, 2인칭단수]
*ce week-end : 이번 주말.
*mon fils : 나의 아들[소유형용사+남성명사]
*malade : 아픈.
*rester : 머무르다, 유지하다[부정법]
*chez moi : 나의 집[전치사+강세형 인칭대명사]

Rapporter des propos.
(이야기를 관련짓기 : 간접화법)

6.4. Il dit que...(그는 ~를 말해요.)

A : Qu'est-ce qu'il dit?(그가 뭐라고 말해요?)

B : **Il dit qu'**il sera content de voir vos parents.(그는 당신의 부모님을 보게 되면 만족하게 될꺼라고 말해요.)

À noter

dire(말하다) expliquer(설명하다) annoncer(알리다, 고하다)의 표현어구로 다양한 동사를 통해 간접화법을 이끌어 올수 있다.

vocabulaire

*Qu'est-ce qu'(que) : 무엇을.

*il dit (qu'(que))<dire : (~을)말하다[직설법 현재, 3인칭단수]

*il sera<être : ~이다 [직설법 단순미래, 3인칭단수]

*content(de...) : (~을)만족한.

*voir : 보다, 보이다[부정법]

*vos parents : 당신의 부모님[소유형용사 2인칭복수+복수명사]

6.5. Elle a dit que...(그녀가 ~를 말했어)

A : Jaqueline ne vient pas?(쟈끄린느가 오지 않을까?)

B : Non, **elle a dit qu'**elle devait travailler ce soir.(응, 그녀가 오늘 저녁 일해야만 한다고 말했어.)

À noter

인용어구 활용으로 쓰이는 문형은 과거시제 활용이 자연스럽다. 그러므로 위 예문도 복합과거로 활용한다. Il dit que / elle dit que의 현재활용도 가능하다.

vocabulaire

*Jaqueline ne vient pas<venir : ~오다[직설법 현재, 3인칭단수, 부정형]

*elle devait<devoir : ~해야 한다, ~임에 틀림없다[직설법 반과거, 3인칭단수]

*travailler : 일하다[부정법]

*ce soir : 오늘 저녁.

6.6. Je te demande de...(내가 너에게 ~을 요구해)

A : **Je te demande d'**être plus poli avec les gens(사람들에게 좀 더 예의 바르게 굴라고 너에게 부탁할께.)

B : oh toi, tu n'es jamais contente!(오, 너! 넌 결코 만족하는 법이 없구나!)

À noter

<Je te(vous) demande de+부정법>은 (~요구하다, ~부탁하다)의 표현으로 상대에게 요구나 권고의 뉘앙스를 전달할 수 있다. Il vous demande de téléphoner(그가 당신에게 전화할 것을 부탁해요.)

vocabulaire

*te : 너에게 [인칭대명사, 간접목적어, 2인칭단수]

*plus poli : 더 예의바른[비교급]

*avec : ~와 함께.

*les gens : m.사람들.

*toi : [인칭대명사, 강세형, 2인칭단수][tu의 강세형]

*ne...jamais : 결코 ~아니다.

*content(e)[content] : 만족한, 만족스러운.

6.7. J'ai dit de...(내가 ~을 만족했는데.)

A : Tu n'as pas entendu? **je t'ai dit de** ranger ta chambre!(너 못알아 들었어? 내가 네게 너의 방을 정리하라고 말했잖아.)

B : Bon, bon, j'ai compris.(자, 그래, 이해했다구.)

À noter

<J'ai dit de+부정법>의 표현은 명령적 어감을 전달할수 있으며, (~를 말했었는데)로 복합과거시제로 과거완료적 의미전달에 쓰인다. Il vous a dit de venir(그가 당신에게 오라고 말했어요.)

vocabulaire

*Tu n'as pas entendu?<entendre : ~듣다. ~이해하다[직설법 복합과거, 2인칭단수, 부정형]

*t'(te) : 너에게 [인칭대명사, 간접목적어, 2인칭단수]

*ranger : 정리하다, 정돈하다[부정법]

*ta chambre : 너의 방(침실)

*bon : 좋아[동감의 표현], 자[간투사로 환기어로 사용]

*j'ai compris<comprendre : ~이해하다[직설법 복합과거, 1인칭단수]

6.8. Je voudrais savoir si... (~인지 아닌지 알고 싶습니다.)

A : **Je voudrais savoir si** vous avez reçu, vous aussi, une lettre de l'université.(당신도 또한, 대학 추천서를 받았는지 알고 싶습니다.)

B : Non, je n'ai encore rien reçu.(아니오, 제가 아직 아무것도 받지 않았습니다.)

À noter

위 예문은 직설적인 의문문의 형태로 다음의 예문으로 표현할수 있다. Avez-vous reçu une lettre de l'université? (당신이 대학추천서를 받았나요?) si의 접속사가 이 의문적 뉘앙스를 대신한 것이다.

vocabulaire

*vous avez reçu<recevoir : ~를 받다[직설법 복합과거, 2인칭복수]
*vous aussi : 당신도, 또한[vous는 독립어구로 강세형 인칭대명사]
*une lettre : 편지, 추천서.
*de l'université : f.대학의.
*ne...rien : 아무것도 ~아니다.
*encore : 아직도, 여전히.

6.9. J'ai demandé (pourquoi)... (~이 왜 인지를 물어봤어요.)

A : Pauvre petit! Qu'est-ce qu'il lui est arrivé?(가엾은 이! 그에게 구슨일이 일어났지?)

B : Je lui ai demandé pourquoi il pleurait, mais il ne veut pas le dire.(그가 왜 울고 있었는지 내가 그에게 물어 봤어, 하지만 그는 그것을 말하고 싶지 않아 하더라구.)

À noter

<J'ai demandé+의문사(pourquoi, quand, où)>의 형태로 문장을 구사할수 있다. 인칭주어를 바꾸어 구사하면, Elle a demandé pourquoi tu étais triste(그녀는 네가 왜 슬펐는지를 물었어)로 쓴다. 복합과거의 주절 시제가 완료적 의미 전달이므로 반과거의 상태묘사를 할수 있다.

vocabulaire

*pauvre petit! : 가엾은 이!.
*Qu'est-ce qu'(que) : 무엇을.
*il lui est arrivé<arriver : (~일이)일어나다. 생기다[직설법 복합과거, 3인칭단수, 비인칭구문]
*lui : 그에게 [인칭대명사, 간접목적어, 3인칭단수]
*il pleurait<pleurer : ~울다[직설법 반과거, 3인칭단수]
*mais : 그러나.
*il ne veut pas<vouloir : ~원하다[직설법 현재, 3인칭단수, 부정형]
*le : 그것을 [중성대명사]
*dire : 말하다[부정형]

Comparer(비교하기)

6.10. Plus(~보다 더)

A : Je mets ma robe bleue?(내가 푸른색드레스 입을까?)

B : Je pense que ta robe noire est **plus** originale.(너의 검정드레스가 더 독창적이라는 생각이 들어.)

À noter

비교급의 문장을 구사할 때 (plus+형용사, 부사+que)의 문장이 가능하다. Jean est plus grand que Luc.(장은 뤽보다 키가 더 크다.)의 비교구문을 쓸수 있다.

vocabulaire

*je mets<mettre : ~입다[직설법 현재, 1인칭단수]
*ma robe : 나의 드레스, 원피스.
*bleue[bleu] : 푸른색의.
*je pense(que...)<penser : (~를)생각하다[직설법 현재, 1인칭단수]
*ta robe : 너의 드레스. 원피스.
*noire[noir] : 검정색의.
*plus : ~보다 더.
*originale[original] : 독창적인, 독보적인.

6.11. moins...(~보다 덜)

A : Est-ce que les hôtels sont chers en France?(호텔이 프랑스에서 비싼가요?)

B : Ça dépend des villes **mais** en général, ils sont moins chers qu'en Corée.(도시에 따라 다르지만, 일반적으로 한국보다는 덜 비싸요.)

À noter

plus~que / moins ~que는 우등비교와 열등비교를 나타낸다.

vocabulaire

*est-ce que : [의문문을 만드는 형식상의 표현]

*les hôtels : 호텔들.

*chers[cher] : 비싼, 고가의.

*en France : 프랑스에서.

*Ça dépend (de...)<dépendre : ~종속하다, ~따라 다르다[직설법 현재, 3인칭단수]

*villes : f.도시.

*mais : 그러나.

*en général : 일반적으로.

*au Japon : m.일본에서.

6.12. aussi(~또한)

A : François a publié son deuxième roman.(프랑스와가 그의 두 번째 소설을 출간했어.)

B : Tu crois qu'il est **aussi** bon que le premier?(그것이 첫 번째것 만큼이나 좋았다고 생각이 드니?)

À noter

<aussi+형용사, 부사> ~만큼 ~하다의 동등비교의 문장이 이 두 품사 외에는 오지 않는다.

vocabulaire

*François a publié<publier : 출간, 출판하다[직설법 복합과거, 2인칭단수]

*son roman : 그의 소설.

*deuxième : 두 번째의.

*tu crois(qu')<croire : (~을)생각하다 [직설법 현재, 2인칭단수]

*bon : 좋은.

*le premier : 첫 번째의 것.

6.13. plus de...(~보다 더)

A : Où est-ce que je pourrais trouver du bon thé?(내가 맛 좋은 차를 어디에서 찾을 수 있을까요?)

B : Va dans le magasin spécialisé rue des Grands-Augustins. tu auras **plus de** choix.(그랑 오귀스뗑 거리의 전문점으로 가봐요. 더 많은 선택을 갖게 될꺼예요.)

À noter

<plus de+명사>의 형태를 갖춘 문장을 만들면, J'ai plus de livres que toi(난 너보다 더 많은 책들을 갖고 있어)등의 표현을 쓸수 있다. 명사 비교시에는 de라는 전치사를 반드시 쓰고, 관사 없는 명사를 쓰는 것이 일반적이다.

vocabulaire

*Où est-ce que : 어디에.
*je pourrais<pouvoir : ~할수 있다[조건법 현재, 1인칭단수]
*trouver : ~발견하다, 찾다[부정법]
*du bon thé : 좋은 차.
*va<aller : ~가다[명령형, 2인칭단수]
*dans : ~안에.
*le magasin spécialisé : 전문점.
*rue : f.거리.
*tu auras<avoir : ~가지다[직설법 단순미래, 2인칭단수]
*choix : m.선택.

6.14. moins de...(~보다 덜)

A : pourquoi est-ce que tu prends tes vacances en septembre? (왜 너는 9월달에 너의 휴가를 취하니?)

B : parce qu'il y a beaucoup **moins de** monde.(왜냐면 사람들이 훨씬 덜 많기 때문이야.)

À noter

<moins de+명사>의 열등비교 문장으로 de라는 전치사는 형식상 쓰며, 명사 앞엔 무관사를 취한다.

vocabulaire

*pourquoi(est-ce que) : 왜[원인의 의문사]

*tu prends<prendre : ~취하다, 잡다[직설법 현재, 2인칭단수]

*tes vacances : f.너의 휴가(바캉스)

*en septembre : 9월달에.

*parce qu'(que) : ~하기 때문이다.

*beaucoup : 많이.

*monde : m.사람들.

6.15. autant de...(~만큼 ~와 같은)

A : Vous ne regrettez pas votre pays?(당신은 당신의 나라가 그립지 않으세요?)

B : pas du tout. j'ai **autant de** plaisir ici que chez nous.(전혀요, 우리나라에서 만큼이나 이곳에서도 같은 기쁨을 갖고 있어요.)

À noter

<autant de+명사>로 동등비교시에는 aussi는 <부사, 형용사>만 취하지, 명사를 취하지 않는다. 이 경우 우리는 autant으로 대체해서 쓴다.

vocabulaire

*vous ne regrettez pas<regretter : ~안타까워하다, 후회하다[직설법 현재, 2인칭복수, 부정형]

*votre pays : 당신의 나라, 고장[소유형용사+명사]

*pas du tout : 전혀[부사]

*plaisir : 기쁨.

*ici : 여기에.

*chez nous : 우리나라(고장)

6.16. Comme...(~처럼, ~같이)

A : Alors, comment est ton nouveau professeur?(그런데, 너의 새로운 선생님은 어떻니?)

B : Tu sais, il est maigre **comme** un clou.(너가 알다시피, 그는 마치 하나의 못처럼 야윈 상태야.)

À noter

comme는 비교의 전치사로 (~처럼, ~같이)의 어감으로 쓰인다.

vocabulaire

*alors : 그래서.

*comment : 어떻게.

*ton professeur : 너의 선생님.

*nouveau : 새로운.

*tu sais<savoir : ~알다[직설법 현재, 2인칭단수]

*maigre : 깡마른, 야윈.

*un clou : 못, 말뚝.

6.17. ressembler à...(~를 닮다)

A : Tu **ressembles à** ton père ou à ta mère?(넌 너의 아버지를 닮았니, 아님 너의 어머니를 닮았니?)

B : plutôt à ma mère.(오히려, 나의 어머니를 닮았어.)

À noter

ressembler à...(~를 닮다)는 동사로 뒤에는 항상 사람대상이 나온다.

vocabulaire

*ton père : 너의 아버지.

*ta mère : 너의 어머니.

*plutôt : 오히려, 비교적.

Faire des suppositions(제안하기)

6.18. Si <présent ; 현재>,<futur ; 단순미래>

A : Alors, qu'est-ce qu'on fait demain?(그러면, 우리 내일 뭐 할까?)

B : **Si** vous **êtes** d'accord, on **ira** à Belleville.(만약 당신이 동의한다면, 우리는 벨빌에 가게 될꺼야.)

À noter

<si+현재><단순미래>만일 ~라면의 실현가능한 가능성의 표현을 현재형으로 쓴다면, 단순미래형의 행위동사가 나올수 있다.(si tu veux réussir à ton examen, tu dois travailler : 만일 너가 너의 시험에 합격하고자 한다면, 넌 공부해야만 해.) (si tu as faim, mange ce sandwich : 만일 너가 배가 고프면, 이 샌드위치를 먹어.)

vocabulaire

*alors : 그래서, 그러므로.

*qu'est-ce qu'(que) : 무엇을.

*on fait<faire : ~하다[직설법 현재, 3인칭단수 on=nous]

*demain : 내일.

*vous êtes d'accord : 동의하다[직설법 현재, 2인칭복수]

*on ira<aller : ~가다[직설법 단순미래, 3인칭단수]

6.19. Si <imparfait ; 반과거>, <conditionnel présent ; 조건법 현재>

A : Si je **parlais** mieux français, **j'aurais** moins de problèmes.
(내가 좀 더 잘 불어를 말한다면, 내게 문제들이 더 적을텐데.)
B : Mais tu le parles très bien!(아니, 넌 불어로 말을 아주 잘해!)

À noter

si절이 반과거이면, 조건법 현재의 화법을 쓸수 있다. 이 경우 의미적으론 비현실적인 요소나 지금 처해 있는 상황, 앞으로 일어날 것에 대한 미래의 희망을 표현할 수 있다.

vocabulaire

*je parlais<parler : 말하다[직설법 반과거, 1인칭단수]
*mieux : 더 좋게, 더 잘[bien의 비교급]
*français : m.불어.
*j'aurais : avoir동사의 조건법 현재[1인칭단수]
*problèmes : m.문제들.
*mais : 그러나.
*tu <le>parles<parler : 말하다[직설법 현재, 2인칭단수]
*le : 그것을[인칭대명사, 직접목적어, 3인칭단수]
*très bien : 아주 잘.

6.20. Si <plus-que-parfait ; 대과거>, <conditionnel passé ; 조건법 과거>

A : C'est dommage que tu ne puisses pas partir en province. (너가 지방으로 떠날 수 없어서 유감스러워.)

B : oui, **si** j'**avais su** qu'il y avait des grèves, **j'aurais reporté** mon voyage en France.(물론이야, 파업이 있었던 걸 알았더라면, 프랑스에서의 내 여행을 미뤄두었을 텐데.)

À noter

si절이 [être, avoir반과거+p.p]이면, [être, avoir조건법 현재+p.p]를 쓸수 있다. 이 표현은 '과거가정'적 의미전달을 위해서 쓴다.

vocabulaire

*c'est dommage (que...) : (~하는 것이)유감이다.
*tu ne puisses pas<pouvoir : ~할수 있다[접속법 현재, 2인칭단수, 부정형]
*partir : ~떠나다[부정법]
*en province : f.지방에서
*si : 만일~라면
*j'aurais su (que...)<savoir : ~을 알다[조건법 과거, 1인칭단수]
*il y avait<avoir : ~가 있었다 [직설법 반과거, 3인칭단수]
*des grèves : f.파업.
*j'aurais reporté<reporter : ~연기하다, 미뤄두다 [조건법 과거, 1인칭단수]
*mon voyage en France : 프랑스에서의 나의 여행.

Exprimer la cause, la conséquence
(원인, 결과표현하기)

6.21. Parce que(왜냐하면 ~하기 때문이예요.)

A : J'arriverai un peu en retard **parce que** je dois passer à la banque.(내가 좀 늦게 도착할꺼예요. 왜냐면 내가 은행을 들러야 하기 때문이예요.)

B : D'accord.(알았어요.)

À noter

<주절+parce que+종속절>이 parce que의 접속사는 문두나 문장의 중간에 <parce que+종속절+주절>상관없이 놓을수 있다. 앞뒤 원인, 결과의 표현을 살릴수 있다.

vocabulaire

*j'arriverai<arriver : 도착하다[직설법 단순미래, 1인칭단수]

*un peu : 약간의, 조금의.

*en retard : 늦게.

*je dois<devoir : ~해야 한다, ~임에 틀림없다[직설법 현재, 1인칭단수]

*passer (à...) : ~에 지나가다[부정법]

*la banque : 은행.

*D'accord : 동의하다.

6.22. Comme(~때문에)

A : Vous n'êtes pas allé au musée d'Orsay?(당신이 오르세 박물관에 가지 않았나요?)

B : Non, **comme** j'étais fatiguée, je suis restée à l'hôtel toute la journée.(아니오, 내가 피곤했기 때문에, 하루 온종일 호텔에 머물러 있었어요.)

À noter

comme도 원인을 나타내는 표현으로 문두에 쓰는 것이 일반적이다.

vocabulaire

*Vous n'êtes pas allé (au(à)...) : ~에 가다[직설법 복합과거, 2인칭복수, 부정형]

*le musée : 박물관.

*j'étais : être동사의 반과거[1인칭단수]

*fatiguée : 피곤한.

*je suis restée (à)<rester : (~에) 머무르다[직설법 복합과거, 1인칭단수]

*l'hôtel : 호텔.

* toute la journée : 하루 온종일.

6.23. à cause de...(~때문에)

A : Tu te rends compte? j'ai dû attendre cinq heures à l'aéroport **à cause du** brouillard!(너 이해되니? 안개 때문에 공항에서 5시간이나 기다려야 했어!)

B : pas de chance!(운이 없었어!)

À noter

<à cause de...+명사>는 원인을 표현하는 전치사구로 항상 명사를 동반한다.

vocabulaire

*Tu te rends compte?<se rendre compte : 이해하다, 고려(참작)하다[직설법 현재, 2인칭단수]

*j'ai dû<devoir : ~해야 했다[직설법 복합과거, 1인칭단수]

*attendre : 기다리다[부정법]

*cinq heures : f.5시간.

*l'aéroport : m.공항.

*le brouillard : 안개.

*pas de chance! : 운이 없다![tu n'as pas de chance의 약어식 표현]

6.24. grâce à...(~덕분에)

A : Vous êtes contente de votre séjour à Paris?(당신은 빠리에서의 체류에 만족하세요?)

B : Oh, oui! **grâce à** vous, tout s'est très bien passé.(예! 당신 덕분에, 모든 것이 아주 잘 되어가고 있어요.)

À noter

à cause de+명사(~때문에)의 원인을 표현한다. 이 표현의 의미상 반대개념으로 grâce à+명사(~덕분에, ~사용하여)의 표현을 쓸수 있다.

vocabulaire

*content(e) : (~에) 만족한.

*votre séjour : m.당신의 체류.

*à Paris : 파리에서.

*tout : 모든 것 [부정대명사]

*s'est très bien passé<se passer bien : 잘 되어가다 [직설법 복합과거, 3인칭단수]

*très : 매우, 아주.

6.25. alors(그래서)

A : Tiens, tu as une nouvelle voiture?(아참, 너 새로운 자동차 갖고 있는거야?)

B : Non, mais la mienne est au garage, **alors** j'ai pris la voiture de mon père.(아니, 하지만, 내것은 차고에 있어, 그래서 내가 아버지의 자동차를 탔어.)

À noter

이 alors는 자연스런 연결 관계를 보여주는 접속연결어구이다.

vocabulaire

*tiens! : 어머나, 저런![놀라움, 우연성을 나타내는 간투사]
*une voiture : 자동차.
*nouvelle[nouveau] : 새로운.
*la mienne : 나의 것[소유대명사]
*garage : m.주차장, 차고.
*j'ai pris<prendre : 타다[직설법 복합과거, 1인칭단수]
*de mon père : 내 아버지의.

6.26. C'est pourquoi...(이런 이유에서 ~하다.)

A : Mon mari a une angine. **c'est pourquoi** nous voulons annuler notre voyage.(제 남편이 구협염을 갖고 있어요. 이런 이유로 우리는 우리의 여행을 취소하고 싶어요.)

B : Je comprends, je vais voir ce que je peux faire. (이해해요. 내가 할수 있는것이 뭔지를 알아 볼께요.)

À noter

이 표현은 (그 때문에, 이런고로, 이런 이유로)의 결과적 어감을 전달할 때 쓸수 있다.

vocabulaire

*mon mari : 나의 남편.

*a une angine<avoir une angine : 구협염(편도염)[직설법 현재, 3인칭단수]

*nous voulons<vouloir : ~원하다[직설법 현재, 1인칭복수]

*annuler : 취소하다[부정법]

*notre voyage : 우리의 여행.

*je comprends<comprendre : ~이해하다[직설법 현재, 1인칭단수]

*je vais voir<voir : ~을 볼것이다(~보다)[근접 미래, 1인칭단수]

*ce que je peux(<pouvoir)faire : ~할수 있는 것[간접화법]

Exprimer le but(목적을 표현하기)

6.27. Pour que...(~을 위해서)

A : Je vais te donner l'adresse de mes amis à Grenoble **pour que** tu puisses les contacter.(그 친구들과 연락을 취할수 있도록, 네게 그르노블에 있는 내 친구들의 주소를 줄게)

B : c'est gentil.(친절하기도 해라, 감사해요.)

À noter

<pour que+접속법>의 표현은 목적구문의(~을 위해서)라는 관용적 표현이다. <pour+명사>(j'étudie pour mes examens ; 시험을 위해서 공부해요.)<pour+부정법>(Je fais du sport pour maigrir ; 살을 빼기 위해서 전 운동해요.) 목적적 어감 전달의 문장형태로 명사, 동사원형, 절로 구사한다.

vocabulaire

*je vais <te> donner<donner : ~에게 주다[근접미래, 1인칭단수]
*te : 너에게 [인칭대명사, 간접목적어, 2인칭단수]
*l'adresse : f.주소.
*de mes amis : m.내 친구들의.
*tu puisses<pouvoir : ~할 수 있다.[접속법 현재, 3인칭복수]
*les : 그들을[인칭대명사, 직접목적어, 3인칭단수]
*contacter : 접촉하다[부정법]
*c'est gentil : 친절하다[감사함에 관한 관용적 표현]

6.28. de manière à...(~하도록)

A : Je peux ajouter le lait?(제가 우유를 좀 더 넣어도 될까요?)

B : oui, Mélange bien, **de manière à** avoir une sauce lisse.(네, 매끈한 소스가 되도록 잘 섞어봐요.)

À noter

<de manière à+부정법>의 문장은 (~하도록)의 의미로 동작주의 동사 주어적 역할을 한다. 뉘앙스에 따른 목적+방법의 표현으로 보여진다.

vocabulaire

*je peux<pouvoir : ~할수 있다[직설법 현재, 1인칭단수]

*ajouter : 추가하다, 덧붙이다[부정법]

*le lait : 우유.

*mélange<mélanger : 뒤섞다[명령형, 2인칭단수]

*bien : 잘, 좋게[부사]

*une sauce : 소스.

*lisse : 미끄러운, 매끈한, 뭉건한.

Marquer l'opposition(대립, 양보를 나타내기)

6.29. mais(하지만.)

A : Chérie, je ne trouve plus ma clé de voiture.(여보, 자동차 열쇠를 더 이상 못찾겠어!)

B : Ça ne m'étonne pas. je te dis tout le temps de ranger tes affaires **mais** tu ne m'écoutes jamais.(뜻밖의 일이 아니야, 내가 매시간 너에게 소지품들을 정리하라고 말하잖아, 하지만, 넌 내말을 결코 듣질 않는구나.)

À noter

mais(그러나, 하지만)는 앞. 뒤 문장의 연결 관계를 보여주는 접속사이다. 대립, 양보를 표현한다.

vocabulaire

*chérie[chéri] : 여보, 내 사랑[애정관계를 나눈 부부, 가족사이의 호칭]

*je ne trouve plus<trouver [ne~plus] : 발견하다. 찾다[직설법 현재, 1인칭단수, 부정형]

*ma clé de voiture : 나의 자동차 열쇠.

*Ça ne m'étonne pas<étonner : ~놀라게 하다[직설법 현재, 3인칭단수, 부정형]

*m'(me) : 나를[인칭대명사, 직접목적어, 1인칭단수]

*je <te> dis (de...)<dire : (~을)말하다[직설법 현재, 1인칭단수]

*te : 너에게 [인칭대명사, 간접목적어, 2인칭단수]

*tout le temps : 매 시간.

*ranger : 정리, 정돈하다[부정법]

*tes affaires : 너의 소지품들.

*tu ne <m'>écoutes jamais<écouter : 귀기울여 듣다 [직설법 현재, 2인칭단수, 부정형] [ne~jamais는 결코 ~하지 않는다; 경험 부정]

*m'(me) : 나를[인칭대명사, 직접목적어, 1인칭단수]

6.30. alors que...(~하는 반면에)

A : Jeanne n'est pas avec toi?(잔느가 너와 함께 없니?)

B : Non, elle est partie **alors que** je lui avais dit de m'attendre. (응, 내가 그녀에게 나를 기다려 달라고 말했는데, 그 반면에 그녀가 떠나 버렸어.)

À noter

<alors que...+직설법>의 표현은 양보절의 어감으로 쓰기도 하고, 시간절의 어감으로 (~하는 동안)의 의미로 쓰일수 있다.

vocabulaire

*toi : 너 [인칭대명사, 강세형, 2인칭단수]
*elle est partie<partir : ~떠나다[직설법 복합과거, 3인칭단수]
*je lui avais dit (de...)<dire : (~에게)말하다 [직설법 대과거, 1인칭단수]
*lui : 그에게 [인칭대명사, 간접목적어, 3인칭단수]
*m'(me) : 나를 [인칭대명사, 직접목적어, 1인칭단수]
*attendre : 기다리다[부정법]

6.31. malgré(~에도 불구하고)

A : Ils sont partis pêcher **malgré** le mauvais temps.(그들은 궂은 날씨에도 불구하고, 낚시를 하러 떠났어요.)

B : pas possible!(말도 안돼!)

À noter

malgré+[명사, 대명사]의 형태로 항상 쓰며, 양보 구문적 어감을 전달한다.

vocabulaire

*ils sont partis<partir : 출발하다[직설법 복합과거, 3인칭단수]

*pêcher : 낚시[부정법]

*le mauvais temps : 흐린 날씨(궂은 날씨)

*pas possible! : 불가능해(말도 안돼!) [ce n'est pas possible!의 단문구조]

6.32. pourtant(그럼에도 불구하고)

A : Ton gâteau est trop sucré.(너의 케익이 너무 달아!)

B : pourtant je n'ai pas mis beaucoup de sucre. c'est bizarre.
(그렇지만, 내가 설탕을 많이 넣진 않았어, 이상하네.)

À noter

알려진, 예상된 어떤 장애가 그 결과에 영향을 미치지 못하는 것을 표현하는 양보부사로 pourtant(그럼에도 불구하고)의 의미를 지닌다.

vocabulaire

*ton gâteau : 너의 케익.
*trop : 지나치게, 매우.
*sucré : 단, 설탕기가 있는.
*je n'ai pas mis<mettre : 놓다 [직설법 복합과거, 1인칭단수, 부정형]
*beaucoup de sucre : m.많은 설탕들.
*c'est bizarre : 이상하다, 기이하다.

6.33. au lieu de...(~대신에)

A : (snif snif) je n'arrive pas à faire ce problème.(이 문제를 못하겠어)

B : Réfléchis **au lieu de** pleurer.(울지 말고 한번 더 생각해봐.)

À noter

<au lieu de...+명사화된 부정법>은 대립어감으로 실제 이루어진 사실을 나타낼 때 쓸수 있다.

vocabulaire

*je n'arrive pas (à)<arriver : ~도착하다, ~이르다 [직설법 현재, 1인칭단수, 부정형]
*faire : ~하다[부정형]
*ce problème : 이 문제.
*réfléchir : 숙고하다, 깊이 생각하다.
*pleurer : 울다[부정법]

■ 한 현 ■

한양대학교 대학원 불어불문학과 불어학 석사(단과대 전체수석졸업 : 총장상수상).
고려대학교 국제어학원 외국어로서의 한국어 교사 양성과정 수료.
프랑스 뚤르즈 Université de Toulouse Le Mirail 대학에서 수학.
프랑스 교육부 인증 DELF/DALF 자격증 소지.
프랑스 전역 및 스위스 로잔(불어권) 문화탐방 등 현지경험 다수.
*(종로)청문외국어학원 프랑스어 전임강사로 재직중(2001년~현재), 기업체 출강.
*2006년 한국학원총연합회 모범강사상 수상.

느낌 불어 한마디

지 은 이	한 현
발 행 인	차 상 면
초판인쇄	2007. 10. 5.
초판발행	2007. 10. 15.
등록번호	제2-1798호
발 행 처	도서출판 만 남
등록된곳	서울시 광진구 자양3동 510-5번지 이튼타워 A동 2302호
전 화	(02) 3436-0746
F A X	(02) 3436-0747

값 7.000

ISBN 978-89-5920-122-8

홈페이지 : www.mannam21.co.kr
E-mail : mannampub@hanmail.net